行为真相：
探查孩子的说谎动机

王意中———著

Behavioral
Truth

台海出版社

图书在版编目（CIP）数据

行为真相：探查孩子的说谎动机 / 王意中著. --
北京：台海出版社，2020.8
　　ISBN 978-7-5168-2634-8

　　Ⅰ. ①行… Ⅱ. ①王… Ⅲ. ①家庭教育 Ⅳ. ①G78

中国版本图书馆CIP数据核字（2020）第095855号

北京市版权局著作合同登记号：图字01-2020-2824

i. 中文简体字版2020年，由人天兀鲁思（北京）文化传媒有限公司出版。
ii. 本书由宝瓶文化事业股份有限公司正式授权，同意经由CA-LINK International LLC代
理，由人天兀鲁思（北京）文化传媒有限公司出版中文简体字版本。非经书面同意，不
得以任何形式任意重制、转载。

行为真相：探查孩子的说谎动机

著　　者：王意中

出 版 人：蔡 旭　　　　　　　　　封面设计：扁 舟
责任编辑：曹任云

出版发行：台海出版社
地　　址：北京市东城区景山东街20号 邮政编码：100009
电　　话：010-64041652（发行，邮购）
传　　真：010-84045799（总编室）
网　　址：www.taimeng.org.cn/thcbs/default.htm
E - m a i l：thcbs@126.com

经　　销：全国各地新华书店
印　　刷：北京金特印刷有限责任公司
本书如有破损、缺页、装订错误，请与本社联系调换

开　　本：680毫米×960毫米　　　1/16
字　　数：179千字　　　　　　　　印　　张：15
版　　次：2020年8月第1版　　　　印　　次：2020年8月第1次印刷
书　　号：ISBN 978-7-5168-2634-8

定　　价：49.80元

PREFACE
自序

说谎与诚实的
曼妙共舞

　　在很多临床心理咨询的现场，许多父母与老师经常抱怨："现在的孩子很难教！"但我发现一件事，难教的原因往往在于，对孩子来说，大人总是"说是一回事，做是一回事"。最显而易见的就是我们经常在呼吁品德教育，但孩子在生活之中、校园里、新闻画面上，总是为被浸泡在"假"的现实世界里而困惑。

　　当孩子面对眼前的问题或压力，但大人却不值得信任时，孩子就会不想跟你说，或者干脆向你编个谎，亲子之间的距离也就越来越偏离，关系的冲突也就越来越明显。因此，在《行为真相：探查孩子的说谎动机》这本书里，我将和大家分享四十个在孩子成长过程中，你可能遇见的关于说谎与诚实的生命故事。

　　在"诚实"这门学问上，让我们与孩子共同练就以下的各项基本功：面对自我、解决问题、规范与界线、真诚与坦然、信任与接纳、身教与示范。大人们也需要不断地自省，觉察与孩子之间的关系，适时进行关系的调整与修正，同时让孩子感受到诚实就像一粒珍珠般璀璨。

诚实第 1 部：激励面对自我的勇气

对于孩子的说谎，请先别太急于套上道德的枷锁。说谎，多少告诉了我们，孩子选择了逃避与回避来对待眼前所需要面对的事物和自己的关系。诚实，就像一面晶莹剔透的镜子，摆放在孩子的眼前。只是，孩子是否具备足够的勇气来面对镜中的自我？这件事情的重要性，在于培养孩子随时进行自我觉察、自我检视的能力，以便清楚地了解到自己的内在想法是如何透过言行举止表现出来的，是否能够维持内、外在的一致性。通过说谎与诚实的对话，让自己更熟悉与接纳现实中的自己。

诚实第 2 部：提升解决问题的能力

每件事情都有孩子所要传达的信息，说谎也是如此。孩子的说谎行为，也让我们有机会了解，孩子在日常生活与校园学习中，当面对压力与问题时，是否具备充分、合理、成熟、没有负作用的解决方式与能力。说谎，是一种问题解决模式，甚至对于孩子来说，说谎有时反而是最为快速、便捷、直接、有效的模式，尽管孩子常自动忽略说谎可能伴随的后果与代价，以及掩饰自己解决能力不足的问题。但是通过对说谎与诚实的了解，会让我们懂得去思考该如何与孩子进行思想交流，从而找到解决问题的方法。

诚实第 3 部：遵守规范与界线的智慧

孩子的成长，不会是一条笔直、平坦而又宽阔的道路。说谎，多少也在提醒我们，孩子这辆"新手驾驶"的车，在言行举止的拿捏上，往往不知不觉就偏离了道路，逾越了社会规范与人我的界线。孩子的自律能力，并非随着年龄的增长就自然而然地增长，所以需要父母不时在教养上对其进行修正、调整，以让孩子的自我控制行为随时储值，存入成长的智慧卡。规范与界线，对孩子而言是一种保护自己和尊重他人的能力。

诚实第 4 部：拥有真诚与坦然的关系

孩子很纯真，但社会很复杂。特别是在说话上，有些孩子常不假思索，未经修饰便脱口说出他们认为真实，却容易让他人受伤的话，这往往会让总是强调说话要诚实的父母陷入两难的尴尬困境。同时，这样也可能导致孩子隐瞒、沉默、出了状况不敢承认，从而让大人不知所措的情形。孩子的真诚，需要被珍惜与维护。说话，没有标准答案，也没有一定得怎么说。但说话也可以在不失真诚，考量对方感受的前提下，润饰和调整自己的表达方式。让孩子感受到，说话可以坦然心安、轻松自在、处之泰然，不需耗损自己的心力。

诚实第 5 部：拉近信任与接纳的距离

信任像是一条线，维系着亲子关系的紧密度。有时，父母赋予太多的期待，将太严苛的道德标准加诸孩子身上，往往不自觉地与孩子疏离，而家长对孩子"纯净无暇"的不合理要求就会隔挡在亲子关系之间，拉大信任的距离，也更使得父母对于孩子的行为无法接纳，更难以细细阅读"孩子"这本书。我常常在亲子讲座过程中，提醒父母一件事：对于眼前的孩子，你是否熟悉？看待孩子或自己的教养，请试着抛开"不是好，就是坏"的二分法迷思。只有接纳孩子所有的存在，释放对于孩子的信任，亲子关系的紧密度才会更加牢靠。孩子心中有话，才比较容易向你说。

诚实第 6 部：建立身教与示范的标准

对亲子关系杀伤力最大的，就是爸妈说一套，做一套。对孩子总是提出各种要求，但自己却又常常做不到。身教，是最有影响力的教育。你的示范，让孩子见识到言行一致，他也就会有所遵循。我们都希望孩子诚实，却往往不经意地透露出大人总是在说谎的信息。我们都希望孩子能够学会认错，自己却在错误面前总是闪烁其词，找一堆理由来支吾遮掩。亲子教养有一个不变的原则——如果你不希望孩子出现某个行为，那么你自己就不要做出这个行为。说谎也是如此。试着让自己勇于认错，对自己的行为负责，别给自己太多合理化的理由。在日常生活的舞台上，优雅地秀出你诚实的曼妙姿势与身影。

感谢宝瓶文化朱亚君社长兼总编辑长期以来的支持，让我有机会持续将自己多年来在早期疗育、儿童青少年心理咨询与治疗、父母亲子教养与校园心理咨询等临床心理学实务，以及自己的实际生活体验，通过文字和读者的你共同分享。

　　谨将此书献给在兰阳平原上，我亲爱的老妈、老婆与姵涵、翔立、涵立三位宝贝。

目 录

诚实第 1 部：激励面对自我的勇气

诚实第 2 部：提升解决问题的能力

诚实第 3 部：遵守规范与界线的智慧

诚实第 4 部：拥有真诚与坦然的关系

诚实第 5 部：拉近信任与接纳的距离

诚实第 6 部：建立身教与示范的标准

诚实第 1 部
激励面对自我的勇气

问题一 【写自修抄答案】 说谎，孩子的生存之道？

现在的孩子很忙。

有许多或大或小的事等着他做：应该做的事、你期待的事、不相干的事、做错的事、一直未做的事、想做却不能做的事、不被允许却偷偷做的事、糊里糊涂的事、不会做的事，还有永远做不完的事。

面对这么多的事，孩子自然而然想省一点事儿。

就以在家写自修①来说吧！一向是"爸妈期待，孩子不爱"。当你把自修抛给孩子，他的脸马上就垮下来了。

孩子通常有类似的抱怨："回家作业都写不完了，动画片很少看，3C（信息家电）也不能玩，干吗还要自修？简直是自找麻烦。而且安亲班②的评量考卷还没算进来呢！"

---

① 自修：自学；自习。

② 安亲班：专指台湾地区的课后辅导班，因有助于解放家长接送孩子，辅导孩子作业，所以被称为"安亲班"。

但父母还是衷心期待孩子在家里能多练习写自修。

既然是自修，很多爸妈便索性放手让孩子自己写。放手，多少也释放出了对孩子的信任。

但微妙也就在这里了，许多自修册很贴心地在后面附上解题答案，要不要随手翻阅参考，对孩子来说也是一种考验。

诚实，总是在这些细微的事物中，悄悄质变。

写自修册，抄答案，在成长过程中，孩子们多少都经历过。没办法，谁叫自修册常是多余的任务，而且后面的解题答案太诱人。

你试着相信孩子，全然地放手，深信他会对自己的行为负责。但孩子一拿起自修册，就很自然地随手翻到后面的解题答案。如果平时有练"手感"，更可以迅速翻到参考页数，然后直接抄抄抄，使劲抄抄抄，不动声色地抄抄抄，没有意义地抄抄抄……当然，这个动作得小心翼翼，不能让你瞧见。

而当你问："自修册写了吗？"他便直接回应："我已经写好了。"

说谎，成了孩子的生存之道。对于不喜欢做的事，孩子可以立即找到替代的生存方式，让自己好过一些。就像写自修册时，直接抄答案比较快，虽然没练到脑力，但多少也练了手力。

练习写自修，反成了部分孩子投机取巧、说谎的跳板。我想，这是许多父母始料未及的。

没有人喜欢孩子说谎，当然也不希望孩子说谎。毕竟现在的品德教育越来越岌岌可危，我们怎能让孩子成为让道德崩坏的一分子！

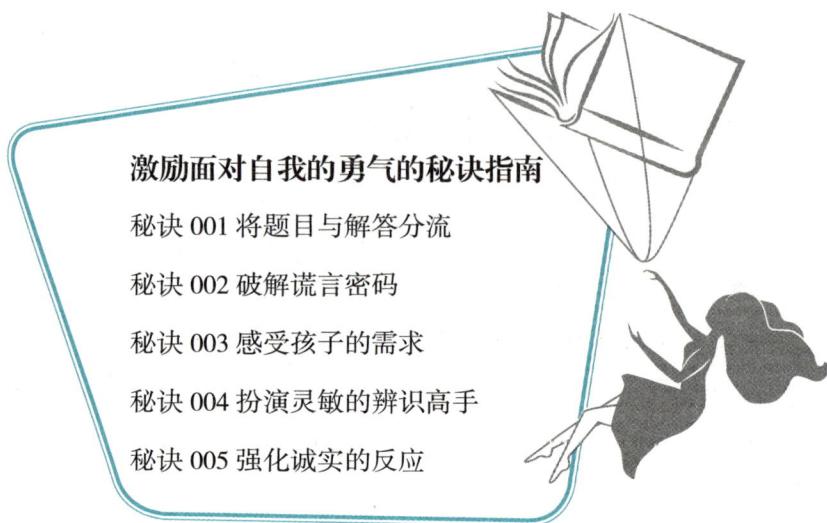

激励面对自我的勇气的秘诀指南

秘诀 001 将题目与解答分流

秘诀 002 破解谎言密码

秘诀 003 感受孩子的需求

秘诀 004 扮演灵敏的辨识高手

秘诀 005 强化诚实的反应

秘诀 001　将题目与解答分流

　　要破解"抄答案"这个不当行为，最直接又简单的方式，就是技术性地把"解题答案"先撕下来另行保管，这样爸妈就没有后顾之忧。少了"解题答案"在后面的诱惑，当然也降低了孩子投机取巧或撒谎的机会。

　　只不过，这个"撕下来"的动作，也暗示着我们对孩子的诚实有所存疑。

秘诀 002　破解谎言密码

　　我常在想，为什么孩子不通过其他方法来解决问题，而甘愿铤而走险地通过投机取巧和撒谎的方式来逃避他厌恶的事物呢？

我始终相信，孩子的每个举动，多少都有他想要传递的信息，投机取巧与说谎当然也一样。以回家写自修册这件事来说，当你发现孩子抄答案时，请试着先让自己沉淀下来，因为生气只会碍事。

请你冷静想想：孩子这个行为的背后，到底想要告诉我们什么？并试着把球抛回给孩子，问他：

"不写自修册，抄自修册的答案，你是想要对我们说什么？"

"说谎、不承认，你又是在担心什么？"

"你认为爸妈应该怎么做，你才会自己主动地写自修册？"

请给孩子一些思考的机会。

秘诀 003　感受孩子的需求

如果我们能停下来，好好听听孩子的需求，理清孩子是否是因为自修册的题目太多、时间太少、体力不济、概念不通等问题而抄答案，进而做出修正、微调，寻求改善的方式。这样，我想可以预防孩子形成投机取巧的心态，避免说谎。

相反地，若孩子反映了想法，爸妈却听也不听就断然拒绝，甚至照样坚持"回家就是要写自修册"，孩子会觉得自己的表达与感受被忽略了。亲子之间无法沟通，但日子还是得过，不圆个谎博得爸妈信任，说真的，没有好日子可以过。

维持诚实的美德需要亲子同步，不该是孩子一个人的事。

秘诀 004 扮演灵敏的辨识高手

我常认为孩子就像个熟练的精算师，会对眼前的说谎行为进行成本效益分析，甚至会对你的反应仔细地评估试算。至少在短期来看，说谎是一门稳赚不赔的"生意"。

说谎，是否会上瘾？虽然孩子也担心谎言被拆穿，但如果这么做常常能使他"趋吉避凶"，不让你发现事实，说谎上瘾也不是不可能的。

孩子多少会仔细盘算被逮到的概率大不大，逃得过一次算一次，说不定最后结算下来还有得赚！说五次谎，只被拆穿了一次，这门"生意"当然好做。

既然孩子是"精算师"，那么，我们也该提高自己测谎的敏锐力。面对身为辨识高手的爸妈，孩子多少会有所顾虑，也就不敢轻易说谎了。

秘诀 005 强化诚实的反应

孩子做错事时，重点并不在于如何处罚或要让他承担什么后果，而是在于如何引导孩子修正先前的行为，以降低可能犯同样错误的概率。

当孩子承认自己做了错事，并且说了实话，却仍然换来爸妈的处罚时，他可能会想：下一次干脆鼓起勇气，脸皮厚一点，说不定沉住气，撒个谎蒙骗过去反而没事。

说谎，有时能够让孩子在犯错之后，回避被处罚的命运，有时则可能是一种手段，帮助他获得"礼遇"，迅速过关，得到自己想要的。

说谎的负面效应很强大，对诚实具有极大的威胁性。我们必须时时提醒自己：诚实，是需要被强化、被反馈、被肯定的。如果期待孩子勇于承认错误，我们也应该给他善意的回应。

问题二 【不带联络簿回家】
因为"我忘了"？

在校园服务的经验中，常遇到这样的状况：孩子故意把联络簿放在教室抽屉里面不带回家，却告诉爸妈是自己"忘了带"。爸妈难免会疑惑："把联络簿放进书包里，不是每天放学前都应该要做的事吗？怎么会忘记？"

这种事发生的次数多了，许多爸妈忍不住开始担心。"这孩子是不是专注力有问题？不知道跟他说了多少遍，却还老是忘记把联络簿带回家！"一旦类似的疑虑浮现，孩子有可能被父母带往儿童保健科或儿童精神科做评估。

只不过，千错万错，可不见得都是专注力的错！特别是当孩子选择"故意不带回"时，更是和专注力八竿子打不着。

然而话又说回来，"故意"总该有个理由吧？

最常见的理由就是在学校犯了错，被老师写在联络簿上。

看着仿佛就像呈堂证物的联络簿，孩子难免会犹豫起来：拜托，把联络簿带回家？你忘了导师在上面写的那些？带回家给爸妈看，找打吗？老师也真爱小题大做，我只是在扫厕所的时候玩个水，让那个急着要上厕所的倒霉低年级生滑倒，又没有什么……

自己在班上隔三岔五出状况，老师又总是爱向爸妈告状，把联络簿当诉状在写，那当然不能把联络簿带回家，免得自找麻烦。

再不然，就是他今天不想写作业。联络簿没带回家，就可以找理由说："不知道有什么作业。"

孩子不把联络簿带回家，你到底该怎么办？

激励面对自我的勇气的秘诀指南

秘诀 006 引导孩子记录心中的对白

秘诀 007 避免学校、家里双重处罚

秘诀 008 后果别超重

秘诀 009 防止孩子推托

秘诀 010 为孩子加满勇气钢瓶

秘诀 011 在学校，举手之劳再确认

秘诀 006 引导孩子记录心中的对白

"放？不放？放？不放？放书包？放抽屉？放书包？放抽屉？……"

这样的挣扎总是在孩子心里拉锯着，就像白天使与黑魔鬼在交战。其实，他也不好受。

我们要协助孩子明白，当他的内心启动"左左右右"的焦虑模式，开始出现犹疑不定的自我对话时，心情也会像棉花糖制造机一样高速旋转，最后形成焦虑的棉花糖。

运用"自我觉察"方法，将有助于孩子了解自己的行为模式是如何产生的。我们要让孩子看见的，正是说谎背后那些"幕后工作人员"的一幕幕对话——它们就是人们要选择面对的白天使和催促人逃避的黑魔鬼。

引导孩子写下心中的对白，记录自己的内在对话，他将发现自己就是个最佳编剧，进而了解为什么自己最后会决定诚实或说谎。他就会知道原来每个行为的背后，都有一段动人的故事。

秘诀 007　避免学校、家里双重处罚

我们要留意是否有"双重处罚"的情形，使得孩子产生刻意不把联络簿带回家的动机。例如在学校犯了错，已经被老师处罚得多扫一个礼拜的厕所，但是因为这件事被写在联络簿上，回家之后爸妈知道了，会不会又罚他一次？如果答案是"会"，孩子当然会选择不把联络簿放进书包，这样一来就什么事都没有了。

当然，孩子在学校犯了错时，老师有义务把过程、细节及处理的情况告诉家长。但目的是让父母掌握孩子的在校状况，而不是要爸妈在家针对同一件事，再修理他一次。毕竟事情是在学校发生的，而且孩子也已受到了老师给予的处罚。

秘诀
008 **后果别超重**

孩子做错了事是该承担责任，面对自己行为的后果，这一点毋庸置疑。然而，这个"后果"是否有效，或者能够发挥多少作用，则取决于孩子所在意的事是否产生了令他厌恶的结果，或喜爱的权利被剥夺。

大人在对于"后果"的处理上，有时倾向加码、再加码，超重、再超重。大人认为这么做，孩子应该就会怕，怕了，下回就不敢了。

但是，物极必反。当后果超重时，常常容易激起孩子的说谎心理。既然代价太大了，干脆闪躲责任或肇事逃逸，甚至于"逆向超车"，如此一来反而发生意外。

让孩子面对犯错的后果的确有必要，但执行的做法当合理。

秘诀
009 **防止孩子推托**

关于孩子刻意"忘记"带联络簿回家这件事，爸妈在处理上的确要谨慎，避免太快将原因归咎于专注力缺陷的生理问题。因为一旦联结到这点，孩子往往就双手一摊，理直气壮地告诉你："这又不是我能控制的。"

在临床心理咨询中常见到，有些孩子干脆把责任归咎于自己的专注力问题，如此一来，老是忘记把联络簿带回家就变成了天经地义的事。"没办法，谁叫我'有病'？我就是很容易忘记嘛！"这是很常见的推托之词。

如果遇到孩子抛出这样的理由，我通常会二话不说地直接请他打电话问同学功课，让他对自己负责。对于家庭作业，我的看法是只要在孩子的能力范围内，老师今天出的作业，就是自己的责任。

很抱歉，该写的作业，不会因为你没带联络簿回来就不用负责。

秘诀010　为孩子加满勇气钢瓶

试着站在孩子的立场。

这是很基本的同理心演练，但请别光说不练。

试着去体会当孩子犯了错，面对眼前杀气腾腾的爸妈时，他那种害怕、畏惧的心情。这叫他如何能脱口而出，坦白一切？

要坦承一切，真的需要勇气。但我们是否在平时便已帮孩子准备好了这一瓶"勇气钢瓶"？

同时，请定期检查孩子的勇气钢瓶是否已经加满了气，特别是我们帮他加的是勇气，而不是你的一肚子怒气。

秘诀011　在学校，举手之劳再确认

为了有效预防孩子刻意不带联络簿回家，启动亲师之间的联系与合作是相当重要的事。亲师沟通越紧密，孩子就越难找到插针的缝隙。

请老师举手之劳帮个忙，放学前特别盯一下孩子。甚至来个全班统一行动——把要带回家的联络簿、作业、评量、学习单等高高举在手上，再一一放进书包里。

多一道防护，少一道谎言。

问题三 【不是我做的】
明明做错事却不承认？

"是谁忘了关水龙头？"可能有许多爸妈会为了这件事在家里大声咆哮吧！但接着往往发现，客厅里的孩子们鸦雀无声，没有人会承认。

你问："姐姐，是不是你忘了关？"她猛摇头。

转过头问："弟弟，是不是你？"只见他直挥着手说："不是我！不是我！"

你忍不住想："见鬼了！家里就两个孩子，不是姐姐，也不是弟弟，那是谁？"

"说，到底是谁忘了关水？"我在家也很容易问类似的话。这件生活小事看似细微，却能够观察到孩子的典型反应。

有意思的是，明明已经预料到没有人会回应了，我们做父母的却又老爱问。当你叉着腰，臭脸指数破表，伴着怒气的视线横扫过孩子，同时撂下狠话："好，很好，你们不承认是不是？"这时哪怕孩子已然猛吞口水，脸色瞬时转白，惊吓指数飙高，也还是没有一个人会承认。

面对这种状况，我们多少会按捺不住心中的怒气，继续脱口而出：

"你们仔细听好：到底是谁忘了关水龙头？说实话，我、不、会、生、气！"然而嘴巴说不生气，语气倒是挺吓人的，这样一来谁还敢承认？

于是，你使尽全力把带有鱼尾纹的双眼睁到最大，左手叉着腰，右手食指指向孩子，加码再说一次："我现在一、点、都、不、生、气！是谁忘了关水龙头？"

我猜还是没有人要承认。

我常常在想，孩子的小脑袋瓜里，很容易自动开启一种叫"成本效益评估系统"的装置。承认、否认，否认、承认，不断交错。孩子会依照过去的经验法则，在最短的时间内做出决定。

演讲时，我常常跟听众分享一件事：当孩子做错事情时，最高招的回应方式就是一句话都不说，让你问不下去。这种做法，我偶尔也遇到过。

第二高招，就是一句话重复否认到底。无论你怎么问，他就是一律制式回答："不是我！"其实孩子要说出这句话也需要一些勇气，你可以发现孩子的手很本能地往裤子上一擦，想要把手擦干，湮灭证据。

"真的不是你？""不是我！""真的不是你？""不是我！""真的不是你？""不是我！"……在这个时候，你会发现亲子之间的对话陷入循环，胜负难分难解。

当孩子做错事却不承认，爸妈该怎么办？

激励面对自我的勇气的秘诀指南

秘诀 012　砍掉重练，改变对话方式

秘诀 013　让责骂成为往事

秘诀 014　练习情绪归零的基本功

秘诀 015　小心指名道姓的反作用力

秘诀 016　微笑是强效催化剂

秘诀 017　自我提醒的脑力激荡

秘诀 012　砍掉重练，改变对话方式

既然亲子关系已经陷入僵局，不如就砍掉重练吧！

贴心地提醒你：爸妈优先调整自己的做法，是让孩子改变的最快速的方法。

重新寻找逆转点，改变一下对话方式来软化孩子的态度。让他变得勇于负责、勇于承认。毕竟，亲子之间不是要拼个你死我活。

秘诀 013　让责骂成为往事

孩子忘了关掉水龙头，让自来水白白浪费，的确会让人捶胸顿足、咬牙切齿，心疼心痛！望着水费单，你眉头深锁、摇头叹息，毕竟流出的自来水已经无情地不回头了。

但纵使你再用力地皱眉，那些逝去的水也唤不回。更何况是对孩子生的气呢？

"不骂一骂，孩子怎么会乖？下次水龙头怎么会关？"你可能会这样想。

骂如果有效，一切大概都不是问题了。但说真的，骂的作用真的不大。先把自己"责骂"这张牌收起来吧！有时你不骂了，孩子反而觉得新鲜。

秘诀
014　**练习情绪归零的基本功**

让自己浮躁、易怒的情绪先归零吧！

这是基本功，需要练，而且需要每天时时刻刻地反复练。

让心情保持淡定，让自己的思绪清晰些，这是想要顺利澄清问题（到底是谁忘了关水龙头）、解决问题（做错事就承认，让孩子未来再犯的概率降低）所必须维持的最佳情绪状态。

再次提醒，易怒总是碍事。别让你的咆哮唤起孩子的否认，纵使孩子已经踩到让你生气的底线，也请先试着调整亲子互动方式，让孩子感受到你的改变，这会有助于让孩子坦然承认错误。

秘诀
015　**小心指名道姓的反作用力**

不要直接指名道姓地问："是不是你忘了关水龙头？"纵使孩子忘了关，但如此直接地抛出质疑，很容易让他本能地竖起"不是我"的强力盾牌，造成相反的效果，特别是当现场还有其他人在的时候。

维持颜面，是孩子必须守住的底线。因此，他坚决地否认到底也可以预见。

秘诀016 微笑是强效催化剂

微笑，让自己浅浅地微笑。

你可能正在想："这怎么可能？水在流耶！"没错，但是若想要优雅地化解眼前的问题，请轻轻微笑，轻轻地。

试着轻声细语，不要让孩子觉得是有人做错事了。

"刚刚洗手的人过来一下，请帮忙关一下吧！"让孩子不会觉得忘了关水龙头是多严重的一件事。当然，养成随手关水的习惯很重要，但道理请摆在平时彼此心平气和的时候，再和孩子说。

或许你的话刚一说完，孩子可能就不好意思地趋前将水龙头关上了。这一刹那，答案就自动揭晓了。你的孩子愿意坦承自己的疏忽、错误。

别忘了，我们的咆哮免不了会引起孩子的否认。对于孩子犯错，先试着轻松看待吧！请用微笑来化解孩子的心理防卫。

秘诀017 自我提醒的脑力激荡

当孩子自己承认忘了关水之后，你可以引导孩子一起来脑力激荡，想想自己如何能记得随手关上水龙头。

"就像两个人在比腕力，下次我洗完手之后，也和水龙头来比手力。用力转，让它动弹不得，KO（被击倒）出局！"

"请呵护水龙头，别让它在我们离开之后继续流泪。"

"洗完手，请含情脉脉地看着水龙头，等它擦干了眼泪再走。"

诸如此类的办法。

和孩子一起天马行空地创造出有助于"自我提醒"的句子，多多益善。

问题四 【别叫我模范生】
模范生就不能犯错吗？

我自己从来没当过模范生。

倒是孩子在班上通过同学投票表决，当了几次模范生。每当孩子回家后，腼腆地告诉我"爸爸，我又被选上模范生了"的时候，除了替他感到高兴、给予他肯定之外，我还想到通过民主机制由班上小朋友票选的结果，多少也显示了孩子在班上的人缘应该还不错，能获得同学的认同。至于每个孩子认同到什么？那就不得而知了。

只是，在我心里常浮现一个想法："什么是模范生？"

我想孩子自己也不一定知道。

有时看着眼前的孩子，我不自觉地想着："他自己真的想当模范生吗？模范生对他来说有什么意义？模范生对他是否会成为一种负担，他会不会被别人冠上更多的期待？"

或许你会不解地抛出疑问："不就是因为孩子表现良好，才会成为班上的典范，当选为模范生吗？这不是许多小朋友都求之不得的荣誉吗？可不是每个人都有的哦！每学年，班上可能就只有一位耶。"

关于"模范生"，诱发我思考的是：大人允许孩子犯错的尺度。

为什么模范生就"一定要……""应该要……""必须要……"？这是我在意的一点。不仅模范生，就连我们期待的"乖孩子""好孩子"，我们是否也不知不觉地要求他"一定要……""应该要……""必须要……"？

这些不合理的要求，往往容易让孩子感到喘不过气。

关于"模范生"，催化我思考的是：孩子是否能够自在地做自己。

从小，无论家人、老师、同学或邻居，总是把我设定为"好孩子""乖孩子"。虽然我也尽可能地维持这种好印象，但说真的，我心里还是有些排斥抑或反感的。

好孩子、乖孩子，让自己总是有一种感觉，觉得是为了爸妈活、为了老师活、为了同学活、为了一些莫名其妙的人活，而做出他们期待的表现。真的是慢慢到了现在这个年纪，心里隐藏了许多年的那个沉默的声音，才不时呼唤着："我只想要做我自己，真正的自己，一个偶尔也会说谎、犯错的自己。"

我也想无伤大雅地小小使坏一下。

我从来没当过模范生，我也不会老是跟孩子强调"你是模范生"。

很庆幸，还好，我从来没当过模范生。

激励面对自我的勇气的秘诀指南

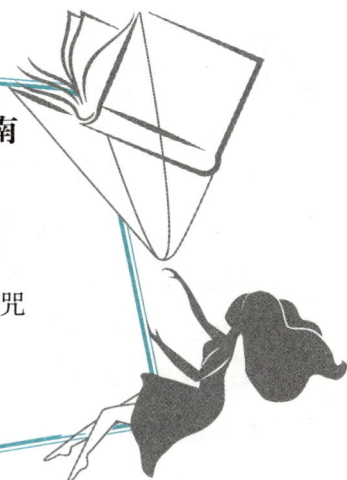

秘诀 018

移除高规格的眼光

　　模范生有时像走在颁奖典礼的红毯上，一举手一投足都很容易成为众人的目光焦点。但并不是每个孩子都希望镁光灯聚焦在自己身上，被高规格对待，言行举止被放大检视。孩子又不是公众人物，只是小朋友。高规格的眼光太犀利，就像在黑暗的房间里玩手机，强光直射，有碍视力。

　　无论如何，模范生也还只是个孩子，仍然在不断尝试错误的学习中成长。太高的设定标准，太完美的期待，太过于严苛的对待，对模范生小朋友而言实在太沉重。

　　请移除这些高规格的眼光，请将视线调整至合理的期待位置。

秘诀 019 允许孩子有犯错的权利

每个人都会犯错，所以不要期待模范生、好孩子不犯错。

不犯错？这一点连我们大人也做不到。

我们需要适时地聆听孩子心里的呐喊："请给我一些犯错的权利，请允许我有一些的小坏。"

孩子可不可以坏？要看你如何定义这个"坏"。

如果孩子的坏是小坏，无伤大雅的小坏，不妨碍别人的小坏，让自己心情好一些的小坏，你是否可以接受？特别是当孩子被（迫）选为模范生之后。

请允许孩子有限度的小坏，不伤害别人的小坏。因为，我们自己也时常有这样的想法。

秘诀 020 破除"完美小孩"的魔咒

模范生的光环，对孩子来说反而像个魔咒，让他的行为被压抑，内心无法自由地放松自我。

完美，有时是很可怕的词，让人身心受到束缚，无法挣脱。

千万别认为模范生本来就是必须完美无瑕的。完美无瑕只适合用在广告标语上，孩子毕竟不是商品。

对于孩子来说，要有"真"和"诚"的完美要求，一开始往往来自其实并不完美的大人。当大人的不合理期待一直往模范生的身上套，久而久之，孩子就像被植入病毒程序般，想法也会受影响，开始对自己执行"完美程序"，痛苦的自我要求亦同步产生。

别让孩子承受太多束缚，别让孩子像孙悟空被套上紧箍咒那般痛苦、不自在。一尘不染只会让孩子压力倍增、痛苦不堪，更何况，"完美无缺"这本就是不切实际的过高期许！

我们做大人的，需要扮演扫毒程序，来协助孩子清除"完美"的魔咒。

秘诀 021　孩子也有喘息的需要

喘息，孩子需要喘息，模范生也需要喘息。请松开你对于孩子的过度要求，哪怕一点儿也好。

要让孩子喘息，让孩子呼吸，我们就必须回过头来思考："模范生"这称谓到底有着什么意义？

请让模范生回归到一般的孩子吧！别再强调什么：典范啊！模范生当然是一种崇高的典范啊！具备良好的美德，行为举止值得仿效，作为示范啊！

"典范"这想法，对孩子来说太沉重了。

秘诀 022　就事论事给肯定

被肯定是好事。能被多数人肯定，更是许多人梦寐以求的事。但如果能够就事论事地给予肯定，或许更棒。

请别拿一顶"模范生"的帽子套在孩子头上，然后理所当然地认为他"什么都好"。别把模范生当成十项全能，这是误解，也是迷思，某个程度上也可以说是一种心理虐待。

请就事论事、按件计酬吧！给予孩子肯定时，要一件一件地具体说明。

被认同、被反馈、被肯定、被奖励，当然是好事，人人都求之不得，但请勿拿起大帽子，硬生生地套住孩子。

问题五 【我是地表最强】
是太有自信？还是爱夸大？

　　"妈妈，不瞒你说，在学校的篮球场上，我的运球可是很出名的。人家都称呼我是'地表上最佳全速前进的运球少年'，这你信不信？"晚餐时刻，阿翔没扒两口饭，就开始分享自己的"光荣事迹"。

　　"我听你在放屁啦！什么'地表上最佳全速前进的运球少年'，这种话亏你还说得出来，我可是听不下去！"姐姐莉莉忍不住吐槽。

　　妈妈开口了："你这当姐姐的，怎么读到高中了，对弟弟说话还这么不文雅？吃个饭，什么屁不屁的。"

　　"拜托，不文雅是配合他好不好？每次讲话都爱夸大，连我这个姐姐都不以为然了，更何况是他们班上的同学？难怪人际关系这么差，会讨人厌不是没有原因的。"莉莉毫不掩饰对弟弟的不屑。

　　"拜托，是你没见识过我在球场上的威力，什么爱夸大。我的快攻、快速推进，可是超猛的！"阿翔反驳。

　　"好啦！你最强行不行？还快攻、快速推进呢，自己几两重应该要知道！喔，不，是几公斤重才对。我就不信依你这体重能攻多快，能跑得动就很不错了！"莉莉伶牙俐齿堵得阿翔说不出话来。

"莉莉，你讲话不要那么犀利可不可以？自己的亲弟弟耶，多少也鼓励或肯定他一下嘛！干吗一直找碴儿？这么讲很伤他的自尊呢。"妈妈苦口婆心地劝着。

莉莉说："妈，如果我不趁现在多点醒他，让他赶紧学会修正自己讲话夸张的坏毛病，等到进高中，我告诉你，他面对的可是更成熟的同学，不像他现在班上的初中小屁孩那么容易受他欺骗。不改，到时候就伤得更大啦！"

"说不定阿翔在球场上的确是令人刮目相看呢？"妈妈想给予儿子肯定。

阿翔马上接过话。"妈，你这么说就对了，我在快攻时，都会把球落在我身体前方的远处，就像人在追球的模样。怎样？够帅吧！'地表上最佳全速前进的运球少年'不是叫假的啦！"

"好啦！好啦！二比一，你们赢了好不好？地表上、地表上、地表上，我就看你这只地表上最会吹牛的青蛙能再怎么掰。送你一句老祖先的俗话：'膨风水蛙杀无肉'①，至于如何解释，就请你的老妈告诉你吧！"

莉莉说完站起来掉头就走了，留下一脸错愕的妈妈和仍在自我陶醉的弟弟。

---

① 膨风水蛙杀无肉：台湾谚语。农夫到田里抓水蛙，看到抓到的水蛙肚子胀胀的，满心欢喜以为都是肥蛙，没有想到回家杀了以后，才发现里头空空的，没有什么肉。比喻吹牛，说话没有实质内容的人。

激励面对自我的勇气的秘诀指南

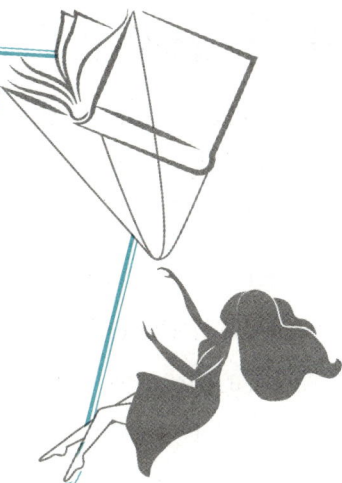

秘诀 023　尊重孩子的期待与想象

想象可以超越现实。任凭想象翱翔，心无界限。孩子的夸大或许也暗示着，这是他心里梦寐以求的东西。

"最好是啦！"在校园服务的经验里，我发现这句话常常出现在青春期孩子的对话之中。话里，当然带了些不以为然的意味。

这多少也提醒了我们，当你把心中所想表达出来时，旁人听在耳里的感受不尽相同。有人不以为然，有人一笑置之，有人给予期待，有人批评数落。

但无论如何，请尊重每个孩子心中的想象。

秘诀 024 往内心探视

引导孩子思考，在"地表上最佳全速前进的运球少年"这句话里，他想要传达的是什么信息——是一种被看见、被关注的期待？是一份很少被满足的情感需求？或者是一份期待被肯定的心情？

每个小小的生命里，都很自然地存在着这些被看见的渴望、被满足的情感与被肯定的心情。如果我们能够看透"地表上……"这句话背后嗷嗷待哺的期待，便可以进一步思考，眼前的孩子是否饥渴太久，内心缺乏这些每日所需要的"营养素"。

秘诀 025 温和地点醒

"夸大"就像迷幻药般令人陶醉，却也使人担心孩子一直深陷其中而不自知。

那么，该不该让孩子清醒？其实爸妈的反应不需要太过激烈，有时我们出于关心所说的话却反而像冷水一泼，在心虚的夜里，总令听者颤抖难耐。

温和关切，胜过于让对方难堪。在点醒的过程中，我们可以温和一些。

"我听你在放屁啦！"这些带着全盘否定的粗俗话语，当然尽量少添加。并且要明白，这些话语对于彼此关系的建立与维护是有伤害的。

试着找出替代的说法，例如可以用"你的表述有点夸张哟！""你的形容是否过头了？""这么厉害，真的假的？"来取代这样的交流效果会好一些。

秘诀 026　斟酌遣词用字

自我觉察是很重要的一门功课，可以帮助孩子审视自己的想法、说话内容、情绪反应及行为表现，让他明了自己的遣词用字是否适当，以避免夸大到连自己都搞不清楚在说什么，或者明明夸大了却不自知。

尤其要让青春期的孩子知道，这个年纪的孩子，对说话的内容是相当敏感的，遣词用字不可不慎，以免招来白眼甚或其他麻烦。

秘诀 027　分析所用的字眼

让我们试着一一拆解"地表上最佳全速前进的运球少年"这句话，看看孩子所使用的字眼，是否符合一般人对自己实力与印象的判断，再进行表达的微调和修正。

首先，"地表上最佳"这点是需要举证的。（莉莉：弟弟啊，我印象中，你好像没有参加过奥运会吧？）

再来，"全速前进的运球"，这属于篮球运球技巧的一种，合理。

最后是"少年"，阿翔现在读初中，正值青春期，合理。

所以答案浮现了："地表上最佳"这句请修饰。

秘诀 028　修饰说话内容

提醒孩子，如何天马行空地让想象在脑海里任意翱翔，这是属于每个人自己的权利。"地表上的""历史上""创世纪以来"……在脑海里，他可以尽情发挥，但是当他准备将想法全盘说出来时，或许适度的修饰比较妥当。例如：

"妈妈，我在篮球场上最擅长的就是运球技巧。有些同学称赞我是'地表上最佳全速前进的运球少年'。虽然是有点夸大，说是'班上最佳全速前进'还差不多，但是被肯定，在心里也是很爽快的啦！"

问题六 【谁知道我没把书看完】
隐瞒之心蠢蠢欲动？

"我画的不是帽子，是大蟒蛇消化大象的情景。可是大人看不懂……"小修眯起眼，张大嘴巴打了个呵欠，但怕被老师发现，便赶紧用手捂起嘴。哎哟！真是头脑愚钝，特别是在这吃得太饱后的炎炎夏日。"大人看不懂……大人看不懂……大人看不懂……"脑海里，这一句不断地来回翻转着。

小修四顾张望，同学们看来都好认真，但谁知道他们的脑袋里在想什么？

再回到自己的书上，他真不明白为什么自己每次阅读都很容易卡住，就像锋面持续滞留在某一页上，移动速度缓慢，总是原地打转。

在实务上经常会发现，像小修这样专注力较差或阅读动机较薄弱的孩子，总是很难燃起阅读的动力。

然而，一听到老师说："各位同学，如果你已经阅读完今天指定的班书范围，现在可以把书收起来，自由活动"，小修的动作就像触电般迅速，砰的一声用力把《小王子》塞进了抽屉。

老师很难确认每个学生是否都真的将指定阅读书籍看完了。我自己则是抱持对孩子信任的态度，至少在第一时间会是如此。虽然，这份信任有时会被滥用。

有没有可能孩子才读了几行，就把书扔进抽屉？说真的，除了当事人之外，没有人知道答案。

我常在思考一件事："书没看完谁会知道"这个诱因，到底是如何在孩子心中成形的？书没读完，心却想着出去玩，孩子的心里是否会有挣扎？毕竟，"玩"对于孩子来说的确是一种诱惑。

当然，孩子多少会把事情合理化，心想：反正《小王子》就在抽屉里，又不会溜掉不见。想看，随时都可以拿出来看。也因为这样的自我暗示，而让自己的说谎行为悄悄启动了。

书没看完，谁会知道？这件事看似微不足道，然而当我们选择忽视它时，"谁知道？"的想法将很容易像病毒般，在孩子的诚实品德之中蔓延开来。

激励面对自我的勇气的秘诀指南

秘诀 029　别人不知道，但是自己知道

秘诀 030　诚实面对自己的态度

秘诀 031　降低取巧的动机

秘诀 032　多一道检核关卡

秘诀 033　引导孩子把困难说出来

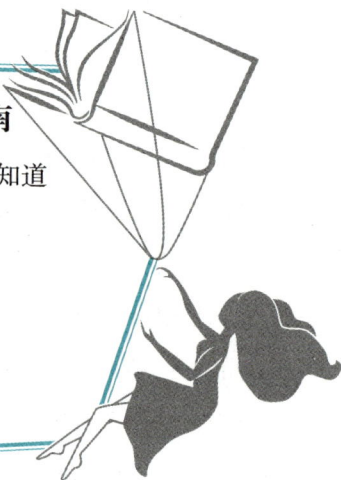

秘诀 029 别人不知道，但是自己知道

"谁知道我没有看完？"关键就在这里了。因为自认没有人知道，说谎的念头就会自然而然地萌生，相应地也让诚实销声匿迹。"谁知道？"的想法，让自我诚实的界线变得越来越模糊，孩子忍不住越界，就算没读完也假装已经看完，反正跟着大家一窝蜂出去玩，任谁也不会发现。

当孩子心中认定不会被发现的概率大些，不诚实的举动也自然会多了些。

我们对孩子的全然信任很重要。当然，让孩子能够充分维护这个信任的挑战难度也很高。要让孩子了解，虽然无人知晓，但至少有一个人一定会知道——他自己。

别让"谁知道？"成为让自己说谎的撒旦。

秘诀 030 诚实面对自己的态度

有些谎，孩子总觉得说了并没有影响到别人，所以无伤大雅，就像书有没有读完是自己的事，和别人又没关系。但孩子可能忘了，这个谎，伤的是自己、毁掉的是别人对自己的信任。

要取得别人的信任不容易，但要让别人不信任自己很快，而要恢复以往的信任则很难。这种利害得失无形且似乎很遥远，通常孩子不容易感受到，所以总觉得无所谓。

其实决定诚实品格养成的关键，往往都是在细微的地方。让孩子在不知不觉间，以无所谓的姿态渐渐养成说谎的习性，这常是很多大人忽

略的地方。

要让孩子知道，关于没有阅读完却跟着其他人自由活动这件事，我们所在意的，是一种诚实面对自己的态度。

秘诀 031　降低取巧的动机

对于有些孩子来说，能够在课堂上自由活动是何等的诱惑，更何况"众人皆玩，我读书"，哪有这回事！

这的确不应该成为说谎的理由与借口。然而，当孩子陷入反差很大的选择之间，例如苦苦阅读与自由活动，我想，内心的谎言要取得压倒性的胜利是很容易的。

下回当我们要抛出类似"看完书就能自由活动"的诱因时，在内容上不妨采用更具体的方式。例如："看完书"改成"把作业写完""把打扫工作做完"，这些活动的结果相对比较容易评定，多少也可以降低孩子取巧的动机。

秘诀 032　多一道检核关卡

当孩子静静地坐在座位上阅读时，我们也只能从行为表现上判断他维持适当的活动量，依规定坐在位置上翻书。至于孩子是否真正进入了阅读的世界，除非你进一步给予"听、说、读、写、算"的评量或测试，不然就真的只有他自己清楚了。

过度信任像块大石头，重重地压在说谎按钮上，很容易让说谎的鸣声响个不停。

若孩子总是在"书没看完谁知道？"的情境下取巧，把"没有"装成"有"，那么我们可以适时地多加一道检核的动作，降低说谎动机。例如让孩子练习将所阅读的内容，以自问自答的方式列出问题，或是摘要简单的心得或重点。

多一道程序，让孩子在启动说谎的按钮前，多一些顾虑，至少对他也是一种监督。

别让孩子自认为无伤大雅的说谎行为，成为他日后逃避面对现实的慢性病。

秘诀 033　引导孩子把困难说出来

孩子遇到了困难时，他需要学习面对，并坦然地把问题说出来。例如："老师，好奇怪喔，每次读书时，我都常常发现自己会在特定的句子上停顿、打转，还很容易跳行、漏字，读不懂意思，更重要的是很难专心。我这到底是怎么了？"

当然，要让孩子清楚表达出自己的阅读困难，除了让他对自己足够了解之外，还要使他处于充满信任、理解、接纳的环境中，维护他的隐私，帮他共同解决问题。

这样的情境与氛围，我们营造出来了吗？如果眼前你的孩子能够清晰地说出自己学习的困难，那么这对孩子、父母或导师而言，都真的是一件值得被肯定的事。

让孩子知道：唯有面对，才有机会解决问题。

问题七 【大家都这样】
投机取巧有借口？

为了鼓励孩子多阅读，现在有许多学校及图书馆设计了"阅读护照"，把阅读量的累积作为鼓励孩子的方式。也因此出现了阅读小学士、小硕士、小博士的分级。可以想象，小博士的奖励最丰硕，也最吸引孩子。

签联络簿时，你的孩子是否也曾经递出阅读护照要你签名？

"爸，妈，请帮我签一下名，空白的地方都要。"

有时把阅读护照摊开在桌上，一页一页，写满了一行、一行的书名。父母看了心想："哇！要签这么多。"一方面忍不住欣喜，孩子爱阅读是好事一件。另一方面却浮现了疑虑：他真的看了这么多书吗？

这样的反应是自然的，特别是在家里几乎很少看见孩子专心阅读时，这种疑虑当然就更强烈，也让父母心中感到不舒服。

"这么厉害，一个礼拜能看这么多本课外书，学校是有在教速读啊？我很好奇，这么多本书，你都是用什么时间在看？算一算，一个礼拜要看这么多，真的很不简单呢。"对于这几年看书速度变得很慢、很慢的爸妈来说，或许边签名也会边带些疑虑说着。至于站在一旁的孩子是否心虚，就看他是否真的有阅读了。

有时你会发现，当你边签名边和孩子聊的时候，他可能一言不发地站在一旁，或腼腆地看着你，期待你不要再问东问西，快一点把名字签完就好。甚至当你补上一句："既然你看了这么多本书，我也签了这么多次名，今天时间比较闲，怎么样，说几本看过的书的心得来听听如何？"时，你会发现，孩子的眼神似乎在告诉你"别闹了"。

以量来鼓励孩子阅读，出发点的美意可以理解。但在做法上，我们不得不思考是否有小朋友为了奖励，书没看就只顾着抄书名，让家长签名来换奖品？

这样会助长孩子形成投机取巧的心态，加上如果班上存在着"大家都这样"的歪风，那就更可惜了原本鼓励阅读的美意和对孩子的信任。

阅读护照挑战着小朋友的诚信，大多是只能各凭良心。但我们大人是否在不知不觉中，也成了让孩子向阅读诚信"灌水"的帮凶？

激励面对自我的勇气的秘诀指南

秘诀 034　维持内在与外在的一致

秘诀 035　承受虚报的心情代价

秘诀 036　重新打造奖励方法

秘诀 037　重新检讨游戏规则

秘诀 038　预防从众的迷思

秘诀 039　必要时，修正游戏规则

秘诀 034　维持内在与外在的一致

孩子需要有这样一种想法：有多少，是多少；读多少，写多少。让自己的内在与外在一致，相互贴近。这是一种对自我诚信、能力和责任感的了解。因为内外表里一致，所以内心无负担，不用再担心"灌水"、虚报的举动被发现。

孩子心中需要有一台标准的秤，预防偷工减料、谎称虚报。

要让孩子的言行内外一致，敬请大人们，平时多加示范展示。

秘诀 035　承受虚报的心情代价

兑换的奖励，就像糖果般吸引着孩子猛吞口水，让孩子汲汲营营地想要以最快的速度将糖果拿到手中。不过奖励虽然甜美，担心可能被识破的压力却像鬼魅般无所不在，这是以取巧的方式获得奖励所需要付出的代价。

如果想要让孩子的行为有所节制，不妨试着让他感受"灌水"前、虚报中、取巧后的焦虑、紧张、担心、浮躁、不安等心情的浮动。让孩子去承受因为说谎所带来的心理负担。

让孩子知道，别让"灌水"撑破他人对你的信任。

秘诀 036　重新打造奖励方法

阅读是一件美好的事，更是一件值得鼓励的事。对于勤阅读的孩子来说，给予肯定与奖励，倒也是一种美意。但奖励并不需要单一规格，或采用中央厨房降低成本，大量制造；或可以转个弯，换个手艺，把先前已习惯的奖品、奖状摆一边，针对奖励重新打造，换个内容试试看。

对于自发性爱阅读的孩子，如果真的要论奖励，让他可以看更多的书、提供多些阅读的选择、给予多些阅读的机会，或许就是一种更美好的奖励。

对于不同的孩子，奖励就该像"萝卜白菜，各有所爱"一样。但重要的是，我们要清楚知道眼前这孩子的真正所好。

秘诀 037 重新检讨游戏规则

能够对孩子全然信任是一种很理想的状态，有时我们给予了他很大的权限，无论他做什么都给予全然的信任。但孩子与外在人、事、物的互动，毕竟都还处于成长、塑形与蜕变的阶段，容易受到周遭环境的影响而动摇。

例如，我们在所设定的"阅读护照"游戏规则中，倾向于以量来决定，然而事实上，快速翻过一百本跟好好细腻品味十本，是很难区分孰优孰劣的。

但在这过程中，孩子的目光容易聚焦在量的达成上，往往注重在抄书名、累积书单与抄写量上，想要以最快速度填满护照。

为了"拼业绩"，孩子反而无暇去思考，一本书为自己带来的真正美好的感受。

秘诀 038 预防从众的迷思

"因为大家都这样，所以没有什么不对。"

"假如是错的事，为什么大家都还抢着做？"

"就算我不做，别人也会这么做啊！"

这些理由听起来好像蛮有道理的。

"大家都这样！"显然这个抄书名的竞速游戏，在班上已经是一个公开的事实了。

"大家都这样"像个螺丝刀一般，正松动着孩子的诚实品格。但是我们要让孩子知道，大家都在做的事情，不一定就是被允许的事情。

秘诀 039 必要时，修正游戏规则

"没看书，只抄书名"的"灌水"行为没有被认真处理与正视，孩子当然很容易学会在夹缝中求生存。为了避免孩子的诚实走样，必要时，请修正游戏规则。

如果大人愿意彻底雷厉风行，一发现有"灌水"或虚报的抄书名行为时，便采取扣押阅读护照的行动，同时让孩子为自己的不诚实负责，或许可以让原本想要投机取巧的孩子悬崖勒马，安分地好好阅读。

问题八 【我又没怎样】
犯了错却避重就轻？

在辅导孩子的过程中，我经常遇到的情况是，当孩子犯了错时，在被询问或关注的当下，总是很自然地选择避重就轻。从生存的角度来看，这也可以说是一种回避危险的本能，至少可以不用直接面对不可预知的后果。

没错，我们都希望孩子勇于认错。但很残酷的是，做父母的却不太爱处理孩子在学校惹的祸。以下的例子便是孩子放学回家后，许多家庭常见的亲子冲突对话。

"你今天在学校到底又给我惹了什么祸？你看你，老师发来信息，要我明天到学校去一趟。你也给我帮帮忙好不好？你以为我时间那么多，爱往学校跑？多少也给我点面子，好不好？"志明刚进门，妈妈就对他怒吼。

"拜托，又没什么事，老师还真无聊！"志明立马抱怨道。

一听志明反驳，妈妈更火大了。"无聊？你没做什么坏事，老师干吗找我去学校？更何况这又不是第一次。你到底做了什么好事？"

"就和同学吵架而已啊！"志明不耐烦地回应。

"吵架而已？你骗谁啊？吵个架，爸妈就要到学校？你给我好好地说清楚，不然等到晚上你老爸回来问，你就倒大霉了。"妈妈继续怨怼。

"啊？就意见不合啊！"志明简短回了一句。

"意见不合？就这样？"妈妈追问。

"不然怎么样？"志明反问。

妈妈继续打破砂锅问到底。"怎么样？你们老师短信里提到有同学受伤，对方家长明天要到学校理论。还在给我说就只是'意见不合'？骗谁啊？你到底今天在学校干吗了，为什么让同学受伤？"

"我怎么知道。"志明不耐烦地回道。

"怎么知道？天哪！难道还要我来仔细告诉你今天在学校发生了什么事吗？"

妈妈质问，但志明避重就轻。

"啊！又没怎么样，大惊小怪！"

"什么大惊小怪？你到底说不说？"妈妈气愤地问。

"要说什么？"志明就是不正面回答。

当类似的情况发生，你是否也像志明的妈妈一样，像警察做笔录，咄咄逼人地要孩子就范？

可以预见的是，这种原地打转的"循环式"对话，最后只会把孩子越来越往避重就轻的方向推。于是爸妈常有这样的疑问："要说什么？拜托，这个问题怎么反过来问我？"

你也可能会不服气地想：要说孩子忘了细节嘛也不是，毕竟他聪明得很，当然清楚事情的严重性。

你多少应该明白，每回孩子在学校犯了错，回家后他那闪烁的眼神、含糊其词的回应，都在暗示你——他又惹事了。但每次当你继续追问时，孩子的心虚模样及那副"拜托，又没什么事"的无所谓态度，却常让你一方面气得牙痒痒的，一方面又无可奈何，不知道该如何问下去。

当孩子老是避重就轻，爸妈到底该怎么办？

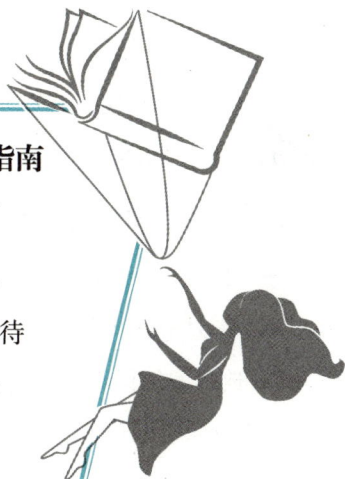

激励面对自我的勇气的秘诀指南

秘诀 040　孩子懂得权衡轻重了

秘诀 041　建立与维系信任关系

秘诀 042　破除孩子对免责的期待

秘诀 043　详细说明完整的事实

秘诀 044　破解孩子的无能为力

秘诀 045　敞开心胸，听孩子说

秘诀
040　**孩子懂得权衡轻重了**

我们都希望孩子能够勇于认错，但毕竟这只是一个理想。当孩子犯了错，自然会或多或少地选择避重就轻，以回避可能遭受的处罚与后果。

一提到"避重就轻"这句话，难免让父母感到浑身不舒服，觉得孩子好像在诚实上打了折扣，总是回避主要的问题，而谈些无关紧要、细枝末节的小事，不太愿意面对现实、承担问题，而是选择逃避。

但反过来看，孩子懂得"避重就轻"也告诉了我们，其实他一定程度上懂得如何衡量事情的利弊得失，对于事物的了解和事件对自己的利害关系，是有判断力的。这一点，我们可以感到欣慰，这多少是一种孩子成熟了、社会化的体现。

或许我们可以思考的是，哪些事情会让孩子决定选择避重就轻。

秘诀 041 建立与维系信任关系

要孩子愿意坦承自己在学校所犯的错，关系到亲子之间的"信任"——对于孩子来说，他需要知道眼前是否有值得他信任的父母。

或许你会举牌抗议，我们做父母的当然值得被信任啊！但关键在于，孩子觉得"信任"，而非我们自认可以"被信任"，这是两回事。

信任的建立与维系，是亲子在生活中一点一滴、一点一滴，慢慢通过实际互动而产生的感受。有了信任，遇事勇于坦承也就变得相对容易些。

信任不能空喊口号，而是需要细心经营。

不妨时常想一想，今天我们做了什么事，又让孩子对我们多了一份信任？

秘诀 042 破除孩子对免责的期待

孩子避重就轻，多少暗示着期待免责。逃避责任虽是人之常情，却不是一件值得鼓励的事。但是，想要孩子有所改变，我们不得不思考：对于"责任"，孩子心里到底存在着什么样的看法？他可以承受的责任能达到哪种程度？

请留意孩子面对责任时是否像碰到臭鼬，马上就想逃。

你可以问问孩子："这件事，你该怎么负责？"先让孩子自行拿捏责任的轻重。

秘诀 043 详细说明完整的事实

如果孩子选择避重就轻，但你已从老师提供的书面资料、联络簿上的记录、短信或电话内容中，了解详尽过程，这时，你可以考虑让过程详细地摊在阳光下，让孩子了解你的心中已经有了完整版本。请他针对这份"老师版本"提出自己的看法，以及是否有不同的见解。

在提出这份详细说明之前，请尊重孩子的感受。并不是把证据握在手上强迫他承认，而是让他了解，虽然他选择避重就轻，但相对完整的事实就在眼前。现实，终究是需要面对的。

秘诀 044 破解孩子的无能为力

请留意孩子是否少了组织架构的表达能力。有时并不是孩子故意避重就轻，而是他在语言表达及组织能力上，长期以来就不擅长，甚至无法掌握重点，或将前因后果叙述清楚。

当孩子面对这种情非得已的情况感到无能为力时，我们在关于避重就轻的处理上，重点该锁定的是如何提升孩子的组织与表达能力，至于处罚的考量就先摆一边了。可以借由示范，一段一段具体地、完整地示范来教孩子。透过"5W1H"（What、Who、When、Where、Why 和

How）将过程中的人、事、时、地、物及如何的元素放进去。说给孩子听，写给孩子看，接着让孩子练习自己再说一遍。不断地重复演练，直至练习到将过程说清楚为止。

秘诀 045 敞开心胸，听孩子说

别一味归咎于孩子。

孩子在学校出了状况、犯了过错时，在学校里已经被老师处罚过一遍了，姑且不谈他服不服气或老师是否有理。但是当他回到家里，又因为同一件事被爸妈劈头责骂或唠叨一顿时，自然他就很容易会选择避重就轻。

对于孩子来说，这是一种自我保护的有利方式，因为他多少已经意识到，即便自己将事情的来龙去脉说得如何的清清楚楚，但爸妈心里早已都有了自己的"答案"，这样再多说也于事无益。

要让孩子选择多说，除非我们先敞开心胸，不加批判，愿意聆听他的解释或说明。

诚实第 2 部
提升解决问题的能力

问题九 【偷改联络簿】
是不会写？还是不想写？

演讲时，我有时会想，如果偷偷地问台下的孩子："曾经用橡皮擦把联络簿上的字擦掉的，请举手？"或许敢举手的人不多，但多少会尴尬地报以心照不宣的浅浅微笑。

在一对一的交谈中，眼前的孩子在信任、安全与放松的交流情境中，大都会坦承自己曾经有过偷改的行为，许多时候并表现出不以为然的样子，因为他们总有自己的话说（"理由"）。

我常常借着许多机会提到，诚实是一点一滴地在孩子生活与学习的细微处积累的。想要协助孩子，需要仔细地关注他细微的举动与心理反应。只有透过这些敏锐的观察，我们才有办法更清楚地知道眼前孩子的想法与动机。

有时会听到孩子抱怨："谁叫我天生数学就不好，回家才懒得将时间耗在写这些东西上，更何况我也不会写。"而且他还会提醒，"联络簿很薄，拿橡皮擦轻轻地将'练习第27-28页'擦掉。轻轻地就好，要不留痕迹。"

有时候我会好奇。"为什么有些作业仍然保留？"通常得到的回答是："这我会写。"例如英文习作第三单元，只是几个生字抄一抄、写一写，难不倒他。

另外一种常遇见的情况，就是进行部分的涂改。例如语文乙本，每个圈词写三遍。那就轻轻地将"三"的上头擦掉，改成"二"遍，甚至索性再把底横擦掉，直接改成"一"，省事。

在辅导的过程中，我试着引导孩子去感受在进行这样的涂改时的情绪反应。改联络簿对孩子虽不是什么陌生的事了，但拿起橡皮擦轻轻擦掉时，心里仍然会扑通扑通地跳动。有时一紧张，真的感觉到那心跳的存在。

谈话过程中，多少会听到孩子在辩解："我只有擦掉而已，没有涂改。"有意思的地方在于使用"擦掉"和"涂改"这两个词的差异。只有擦掉，没有涂改。或许这样想，孩子心里的负担与罪恶感会少一些。

犯错，找借口，已经不是大人的专利了，这一点，孩子倒是从大人身上学得蛮像的。千错万错都是老师的错，孩子们总是找得到理由来圆自己的错。"谁叫老师每次作业都出那么多？""放学后就应该要放松啊！哪有叫学生一直在写字的？"类似的微词与反应很常见。

但是无论如何，偷改联络簿绝对不是我们所期待的事。

秘诀 046　预防说谎风暴

　　孩子的不诚实行为，有时就像台风的形成，稍有不慎或未妥善处理，便很容易从看似小问题的行为（例如偷改联络簿），不断扩大暴风半径，渐渐地出现其他偏差行为。同时破坏力增强，且路径偏向父母无法预期的方向，对其自身成长和品格塑造带来极大的威胁。

　　我始终认为海上台风的形成，我们无法决定。但孩子说谎的形成，我们是可以预防的。预防孩子偷改联络簿，需要家长和老师共同动动脑。例如，让孩子使用 2B 铅笔或圆珠笔，如果孩子要涂改，用这些笔很容易露馅。

除非孩子的涂改能力真的已臻极致，让人无法以肉眼辨识出来，否则一般情况下，增加一些孩子在涂改上的困难度，这样多少可以抑制偏差行为的出现。

秘诀 047 内容与"在线公告"同步

不是每个孩子都能够严于律己。有些孩子可能会因为各种因素、理由或借口，想办法投机取巧来逃避眼前不想做的事。

当孩子的诚信牌螺丝常常脱落，自律的螺丝不再牢靠时，就需要他人来帮他们拧紧，也就是"他律"。孩子现阶段的行为仍需要由大人来设定规矩，让他遵守。

有些孩子喜欢耍小聪明，总是爱钻漏洞，在夹缝中求生存。针对孩子对联络簿进行涂改的做法，其实老师只需要运用与家长联系的沟通平台，在班级网页上同步"在线公告"，写明学生们当天回家的作业内容与待办事项，照样可以有效预防孩子的涂改行为。

秘诀 048 觉察不当的"合理化"想法

我们很容易对自己的不当行为合理化，孩子当然也不例外。"只有擦，没有改"，心理负担因合理化而稍稍减弱，但相对地，眼前这个"擦"的行为就更被强化了。

引导孩子思考自己如何解释"擦"和"改"这两个字，以及这两个字分别给自己带来什么样的情绪。例如，"改"带来的罪恶感是否多一些？就像有些孩子，强调自己是"拿"不是"偷"，是"借"不是"偷"

一样，但重点是别人的东西就是不见了。

孩子说不说谎，总在一念之间。请留意孩子的"合理化"想法。

秘诀 049 调整犯错的归因

孩子当然知道他自己在做什么。只是对于不被允许的行为，如何去解读其中的理由，也反映着孩子是否改变的决心。

"这一切都是老师的阴谋。功课出那么多，回家怎么看卡通？"孩子可能这样抱怨个没完，但等等，"为什么班上其他同学就可以写完"？请把归咎的球再抛回给孩子，他需要仔细思考这对比中存在的差异。

为什么别人可以，自己不行？核心问题到底出在哪里？

别让孩子以为什么都是别人的错，自己就能错得心安理得。

秘诀 050 针对问题核心解决

有些孩子总觉得药很苦，能不吃就不吃。但是没办法啊，爸妈在眼前，于是他索性先把药含在嘴里，等大人一不注意就把药吐掉。

同样地，有些孩子总觉得数学不会，能不写就不写。但是没办法，老师在眼前，于是他干脆先把作业抄在联络簿上，等大人一不注意就把它涂掉，明天到学校再抄一抄。

逃避，是每一个孩子都很容易出现的一种解决问题的方式。

试着抓住问题的核心，甩开说谎的习性。假如孩子能力真的有困难，请试着助他一臂之力，让他了解，让他懂。当孩子觉得"我会""我行""我可以"时，自然没道理说谎或逃避。

只要学习问题迎刃而解，孩子的涂改不实行为也将同步化解。

秘诀 051 慎重地仔细看

让孩子知道爸妈很认真地在看他的联络簿，签名是很慎重的事。写在联络簿上的内容，爸妈一定是一点一点地看完，作业也会一样一样地确认，再签下自己那优雅、洒脱或别人无法辨识的字体的。

这么谨慎有个好处，多少会降低孩子投机取巧的动机。

秘诀 052 抛出敏感问题

我们倒不是要跟孩子"谍中谍"。但在检查联络簿的当下，偶尔释放出敏感的问题，也能有效吓阻孩子的涂改行为。例如：

"你们老师作业怎么都布置得这么少？"

"你们早自习都在做什么？补写作业？"

话一问完，就可以把视线抛向孩子，注意他的反应，例如他是否在咬手指、吞口水，手心是否有些湿热等。

当然，你温柔而坚定的眼神也正在宣示："孩子，做该做的事。"

必要时，提醒他："涂掉的内容，可别忘了补回去哦。"

秘诀 053 教孩子估算成本与代价

"出来混，迟早是要还的。"孩子偷改联络簿也一样。让孩子知道，别想着可以先把联络簿上的作业涂掉，隔天只要提早到学校，就能利用时间差，趁早自习在教室里加紧赶工把昨晚没写的作业补完。

让孩子知道，该还的跑不掉。涂改联络簿，是一件得不偿失的事。

一是同学会知道他昨天作业没写完，二是消息会传到老师的耳里，三是更大的代价会在后面等着他。

每桩生意都有成本。涂改联络簿，绝非稳赚不赔。

问题十 【考试作弊】
成绩比诚信还重要吗？

回想我的学生时代，英语听力这一科在期末考拿了四十几分的成绩，直接被判死，连补考的机会都没有。当时，导师很纳闷地打电话来关切为什么我会考出这样难堪的分数。说真的，当年我除了自认英文听力不佳之外，还自认为有点骨气——我坚持"不作弊"，懂多少，写多少。

作弊，真的令人不敢恭维。我觉得没必要，当然也没那个胆。

在校园服务中，有些孩子会因为作弊的问题被转介辅导。我忍不住思考，把孩子推向作弊的那只手到底是什么？

考试作弊时，孩子的心扑通扑通跳着，眼神一边缓缓左右移动，一边偷偷注意着监考老师的挺直身影，猜测着他何时转身，以免被发现而逮个正着。面对这样一场充满紧张、刺激，有如老鼠害怕遇见猫的作弊行为，为什么孩子还是选择豁出去？

我自己也当过监考老师。监考时，有时会遇到学生们用眼角余光瞬间瞄向四方，或隐约听见那微弱、压低的声音，呼唤着另一位正全神贯注作答的同学，希望考卷再放下来一点点。当然，也会有人手放在桌下，离抽屉很近、很近，指尖正逐渐碰触课本的边缘。至于小抄要不要拿的，从他扭扭捏捏的姿态中，多少都可以感觉得出他的矛盾。

每回监考，我并不会采用负向提醒，警告同学"不要作弊"。这做法太不尊重绝大多数守本分的同学们。同样地，如果发现或怀疑有同学作弊，我也不会当场揪出，毕竟如果误会的话，对彼此都是一种麻烦与伤害的事。我会选择一直看着他——没错，心照不宣。我会用眼神告诉他："请靠自己的实力。"

面对孩子考试作弊的问题，到底该如何应对？

提升解决问题的能力的秘诀指南

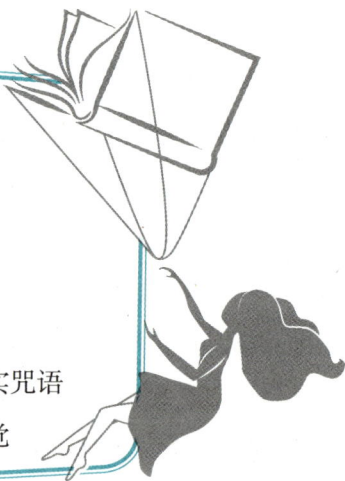

秘诀 054　掌握孩子作弊的动机

秘诀 055　陪伴孩子面对作弊的自己

秘诀 056　凭本事，走路才有风

秘诀 057　把心思用对地方

秘诀 058　"假如被发现……"的诚实咒语

秘诀 059　回想"作弊不好受"的感觉

秘诀 054　掌握孩子作弊的动机

孩子在考试中，很清楚地知道作弊是"被禁止"出现的行为。这种观念从小学生开始就不断被灌输。但是对一些孩子来说，辛勤灌溉的水仍然会溢出学习的田——作弊的行为依然出现。

面对考试，我们期待孩子诚实，各凭本事。

为何孩子如此在意"账面"成绩？

· 符合大人的期待（至于期待合不合理，容后再说）。

· 漂亮的分数，至少可以获得大人的肯定（为了肯定而不择手段）。

· 同辈的认同（至少"账面"成绩不赖）。

· 满足自己的虚荣心（虽然心里还是很空虚）。

· 消除被处罚的厄运（这比祈福消灾的仪式还快？）。

面对眼前这股作弊的歪风，我们要先想想起风的原因，掌握孩子作弊的动机，我们才能够进一步解决问题。

秘诀 055 陪伴孩子面对作弊的自己

对于孩子的作弊，我们常常想到的是该如何处罚，该如何依校规记过办理。没错，这是孩子一定得承担的后果——但对一些孩子来说，这样的处罚收效甚微，否则为何会一而再，再而三地故技重施下去？……

但是，请不要只把心思放在处罚上，否则大人与孩子彼此将错过许多面对自我、了解自我的机会。

既然作弊行为已经出现，就让我们和孩子一起练习去面对——如何从作弊行为中了解自己，进而改变自己。

如果只是一味地抱持处罚的念头，很多事是无法改变的。

秘诀 056 凭本事，走路才有风

看运动比赛或是亲自下场竞技时，如果对手总是爱耍诈，靠作弊才取得领先成绩，我想孩子应该会想破口大骂。

很有意思的是，场景如果移到教室内，在任何大考、小考、期中、期末、模拟考、抽考，甚至毕业考中，当他选择耍诈，取得不属于自己的成绩表现，那么其他认真准备的同学是否也会在心中大骂？

"凭本事！"青少年总爱把这句话挂在嘴上。

凭本事，请让孩子把这句话烙印在心上。真正有勇气的孩子，只会取得属于自己的分数。

做人要问心无愧。这一局没准备，虽然考不好，也至少心安理得。会让人竖起大拇指说声"赞"的，是从谷底凭本事逆转局势的人。

凭本事，才能让自己走路有风。

秘诀 057 把心思用对地方

考试作弊就像是与监考老师较劲，需要敏锐的察言观色能力。如同驾车行进在马路上，需要随时具备"眼观六面、耳听八方"的机智灵活，对路况的观察和判断更是得充分掌握，能侦测出哪里有测速照相，就像懂得哪里有监考老师的犀利眼光。

让孩子知道，若他把作弊的巧思用在对的地方，他就有机会发光发亮，让人生变得很不一样。

秘诀 058 "假如被发现……"的诚实咒语

作弊的蛋在最后关头会不会被顺利催生、孵出，总是在孩子的一念之间。

　　"假如没被发现……"当心头不时浮现这样的想法，抚慰焦躁的心，自我暗示"没事、没事"，不知不觉中，作弊行为将逐渐被强化，因为"假如没被发现……"，所以一切都会没事。

　　"你想干吗？""你想清楚了吗？""你知不知道自己在做什么？"在作弊的一念之间，孩子总是处在这种矛盾的挣扎里。维持现状的话铁定不及格，准死；翻书偷看被抓到了，不但会以零分计算，更会被记过，榜上有恶名，更是得惨死。但侥幸的话……

　　"假如没被发现……"，就容易惹是非。请让孩子知道"假如被发现了"，那不堪设想的后果。

　　让孩子转个弯，不断在心中默念："假如被发现……""假如被发现……""假如被发现……"就在默念的过程中，焦虑的心将越来越炙热，热到令人受不了，但这一股热气却也不时在提醒自己：诚实地面对自己。

秘诀 059　回想"作弊不好受"的感觉

　　在辅导孩子改善作弊行为的过程中，我会试着让他再度去感受当时的那股焦虑心情。让他了解，当手掌心像螃蟹冒泡般湿透，也多少模糊了考卷上的字迹。考试时，自己的手就像摇摆不定的台风，暴风圈看似逐渐碰触课本陆地，但又缓慢向北转西北移动。在那作弊、不作弊的一念之间，让他再次感受心扑通扑通地跳得多剧烈。

　　作弊实在令人不好受，那么就干脆不要做这件事好了。

问题十一 【在学校被欺负了】 为什么不告诉爸妈？

膝盖流着血。阿益蹲坐在台阶上，强忍泪水望着瘀血的伤口，不知该如何是好。

"哈哈哈！活该！谁叫你不长眼睛，没看到我的脚伸出来吗？"大峰一只手指向阿益，一只手抚着肚子，弯下腰笑个不停，一旁的小跟班阿仁跟盛仔也一起开怀大笑。

膝盖很痛、很痛，压在伤口上的卫生纸因渗血而染红了。傍晚的风吹着，阿益感到有些凉意，他觉得身体冷，心里更冷。

"怎么样？我们就是讨厌你！怎么样？"大峰露出厌恶的表情，撂下狠话，睁大眼睛瞪着低下头的阿益，"有本事就回家跟你爸妈讲啊！"随后，三人扬长而去。

膝盖很痛、很痛，阿益轻轻挪动一下脚的姿势，试着站起来。该是回家的时候了。无论心中有多少委屈，但他知道这些事要先藏在心里，往下压、往下压，深深地往下压。可别让爸妈知道他自从开学以来，老是被大峰、阿仁和盛仔三人欺负的事。这件事情连老师都不知道。

"回家该怎么说？"面对不时隐隐作痛的伤口，虽然血终于止住了，但膝盖的瘀青还是很明显，"回家以后到底该怎么讲？"

阿益并不是担心回家被责骂，他知道爸妈都是很明理的人，更何况自己在班上也没有犯什么错。他只是很纳闷，大峰、阿仁和盛仔为什么总是喜欢找他麻烦。

"回家该怎么说？"阿益实在不想在爸妈面前说谎。但这次如果要隐瞒，膝盖的伤口实在骗不了人。和这一次比起来，前几次他们三个人怒骂自己"三字经"、粗话的事，倒比较容易隐瞒不说。"毕竟伤的是在心里。"阿益无奈地想着。

虽然这回心里也受伤了，但重点是，该如何向爸妈解释膝盖的伤口？

在回家的路上，阿益有些裹足不前，心里浮现着不同的声音。

"就骗说自己摔倒啊！这让爸妈比较安心点。"

"实话实说，把大峰他们三人欺负我的事一五一十说出来。"

说？不说？该如何说？阿益困惑了。

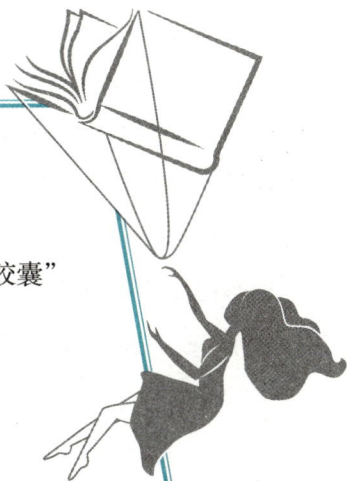

提升解决问题的能力的秘诀指南

秘诀 060　觉察孩子心中的未爆弹

秘诀 061　留意孩子的"隐瞒牌时光胶囊"

秘诀 062　考量隐瞒的两难抉择

秘诀 063　培养诉说的氛围

秘诀 064　让隐瞒的冰山浮现

秘诀 060　觉察孩子心中的未爆弹

隐瞒，就像把一颗未爆弹深深地埋藏在心里头。由于不想让人知道，孩子得独自承受压抑的负担。不能说的秘密，有时还真令孩子喘不过气，常常得担心"被发现了该怎么办"。

但请先想想，孩子为什么需要隐瞒，自行承担这种压力？有些孩子是出于孝顺和贴心，不想让爸妈多担心而下了隐瞒的决定。其他的原因可能还有很多。

别忘了，未爆弹深藏于孩子心中，就像定时炸弹在倒数计时。然而，作为父母的我们平常是否有所察觉？

秘诀 061　留意孩子的"隐瞒牌时光胶囊"

不同的孩子，选择了不同的隐瞒内容，同时也各自有不同的开封时间。有的会在特定的时间开启；有的则把保存期限一直久压，防腐剂多加一些；有的则索性让它在心中沉沉睡去。

你是否熟悉孩子通常使用哪一款的"隐瞒牌时光胶囊"？做错事？被欺负的事？自认不可告人的事？好的但不愿让你知道的事？

请留意孩子"隐瞒牌时光胶囊"的产品标示、制造日期及保存期限，并仔细思考孩子为什么隐瞒这件事。

秘诀 062　考量隐瞒的两难抉择

在说与不说之间的挣扎，往往令孩子焦躁到难以抉择。我们不妨来想想，先排除"不想让父母担心"这个原因。

告诉爸妈或老师，问题是否就可以迎刃而解？说了的好处是什么？同样地，反过来想，那隐瞒对孩子是好还是坏？短时间或长时间不说，又会造成怎样的后果呢？

隐瞒事实，是否就等于不诚实？我想这需要就事论事，并不是非黑即白地下结论。瞒住、放在心中不说，那要看是什么事，以及孩子在当下的考量是什么。是为自己好，也为别人好？为自己好，但对别人不好？对自己不好，但对别人好？还是隐瞒了，导致彼此都不好？

我们不能只是抱怨孩子为什么不说。请思考：孩子为什么要对我隐瞒？

在亲子咨询过程中，常听到"我们是爸妈，他不跟我们说要向谁说"的质疑，其实有些事一百八十度翻转一下，思绪会更清晰。"为什么你们是爸妈，孩子就需要向你们说？"除非在平时，你们彼此的亲子关系便有好好地维系与建立，否则这不是必然的。

试着以孩子的立场来思考，说或不说，考量各有不同。当孩子有所隐瞒时，他所要传达的信息也隐藏于其中，请贴心解密。

秘诀 063　培养诉说的氛围

我们需要自评在家里"诉说的氛围"有多少。

想让孩子诉说、不隐瞒，需要营造那份让孩子无负担说出来的情境——隐私、尊重、倾听、专注、理解、接纳及信任。

请别小看这区区几件事，虽然很好说，但不容易做。然而却值得、也必须好好地练习去做。先别设定完成日，慢慢来，一步一脚印，急不得。

请在家中预留孩子诉说的空间，想想在什么情境下，孩子最容易开口对你说。

秘诀 064 让隐瞒的冰山浮现

表露就像是冰山一角，隐瞒却像是在水面下的大块冰山。如何让隐瞒的真相浮现？我想，爸妈可以先试着从"自我表露"开始，多和孩子分享自己生活中的人、事、物，就算是深藏在心中的秘密，也该有解密的时间。

你的分享，是一种示范。就像说故事一样，原著、改编都可以，只要剧情别离谱到连自己都不相信就行。你的分享，让孩子知道原来在这个屋檐下，有些话是可以放心说出来的。对方愿意倾听，试着了解，慢慢地可以懂得，甚至于可以彼此交换一些解决问题的方式。

大人多表露，孩子少隐瞒。让亲子之间，无所不谈。关于分享，我自认做得很彻底，我想，你一定也可以。

问题十二 【我讨厌那个人】 为什么不能老实说出口？

某次演讲时，有位妈妈在问答的过程中，问了我一个关于孩子人际困扰的问题：当讨厌的人也想和其他同学一起来家里玩时，孩子不知道该如何处理，而把这个问题抛给了妈妈。当然，也抛出了一个令父母不知所措的困惑。

讨厌对方，为什么不能老实说出口？这是一个好问题，也是许多孩子心中的疑惑。自己可以断然拒绝？还是要勉强接受？迂回婉拒？或是置之不理？

遇到这种状况，孩子可能会产生和小玫一样的困扰。

"小玫，明天下午我可以一起到你家玩吗？听说阿芳、小莲和彤彤也都会去。哇！我想明天一定很好玩。"放学时，珍珍问小玫。

"嗯，可是……"小玫支支吾吾地说。

"可是什么？"珍珍问。

"嗯，可是我不能做决定，我还没问过她们三个人耶！"小玫说。

"但我要去的是你家，怎么还需要问别人呢？"珍珍追问。

"是没错，可是……"小玫一副欲言又止的样子。

"所以我可以去吗？我真的、真的很想一起去。"珍珍说。

小玫还是给不出答案。"可是——"

珍珍打断了她。"别再可是了啦！不然我帮你问她们，多我一个也没差，对吧？"

"喔！不用、不用，不用你去问。"小玫赶紧说。

"所以你的意思是……答应啰？"珍珍满怀期待地问，"你会欢迎我去吧？"

"嗯，欢迎是欢迎，只是……"其实自己心里想的是"一点都不欢迎"，但小玫实在说不出口。

珍珍开心地大叫："耶！我就知道你会欢迎。真的是超期待、超期待的。"

"可是我昨天跟我妈妈说，只会来三个同学而已耶。"小玫还是想找理由推托。

"哎哟！你家那么大，还怕多我一个人？伯母一定会答应的，对不对？"珍珍说，"明天下午应该准备什么呢？还是我去问问阿芳、小莲和彤彤她们三个人，说不定明天我们可以一起去哟！"

"嗯，等一等！其实我想告诉你的是，我根本……"小玫一开口就变得支支吾吾，欲言又止，但心里却在想：拜托！我讨厌你这个人，怎么可能答应你到我家来玩？只是她实在说不出口，虽然不喜欢，却又很难直接拒绝。

"我好想干脆实话实说，其、实、我、一、点、都、不、希、望、你、来！更何况是来我家，我可是主人，我当然有决定权。多你一个人，气氛差很多耶！只是……"

你的孩子，也跟小玫一样烦恼不已吗？

提升解决问题的能力的秘诀指南

秘诀 065　探索言不由衷背后的想法

秘诀 066　学习善意的谎言

秘诀 067　拿捏修饰与说谎的分寸

秘诀 068　掌握表达的方向与原则

秘诀 069　多思考，避免闪烁其词的回应

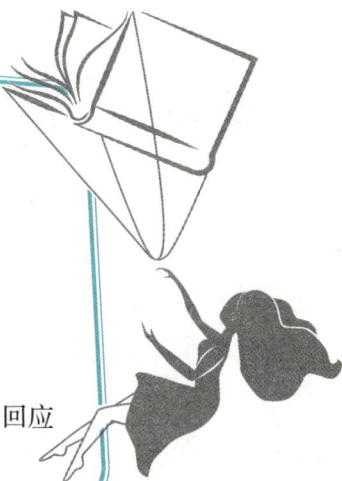

**秘诀
065　探索言不由衷背后的想法**

　　明明就没邀请那个讨厌的人，珍珍却也想来家里玩，这对孩子来说真是一道难题。当对方发出一波波想说服自己的话，孩子总觉得自己的回应言不由衷。

　　"欢迎是欢迎，只是……"这并不是孩子的真心话，因为后面还有"只是……"，但为什么孩子却脱口而出"欢迎是欢迎"？

　　言不由衷，是否出于孩子在乎自己给别人的印象？小玫是否因顾虑朋友批评："真小气，只是多一个人到你家，干吗拒绝"而难以回绝？

　　因为在意他人的看法而感到不知所措，或许正是孩子无法实话实说的关键。

　　感谢讨厌的人，让我们更好地认识了自己。所以，更应该让孩子学

会感恩对方让她的成长。

秘诀 066 学习善意的谎言

假如孩子真的不希望讨厌的同学到家里玩，我们到底该鼓励她诚实地说出来，还是添加一点善意的成分说个谎，让对方不要来，同时又有个台阶下？

这是个两难的选择。

当孩子心中有了这个疑惑，而被问的你也不知所措时，你们俩可以听听彼此的感受。让孩子了解，生活中处处充满着类似的难解之题，而我们都在学习如何面对与解决。

如果孩子选择不带任何修饰地反映自己内在的想法，告诉对方："很抱歉，我讨厌你。我真的、真的不希望你来！"这话说得太锐利、太直接。虽然坦白，但很容易伤了对方的心。

当然，也不一定要孩子违背自己的意愿，勉为其难地接受她讨厌的同学到家里。孩子有权利视自己的感受来决定邀约谁、拒绝谁。

那么，面对眼前这个难题，孩子是否可以带点善意地说谎，修饰一下说话的方式？

秘诀 067 拿捏修饰与说谎的分寸

人与人之间的互动，贵在真诚。真实表达出自己内在的想法当然很好，但如果带点贴心的成分，考量对方的感受及对理由可接受的程度，我们说的话是可以稍作修饰一下的。

修饰，不一定等同于说谎。

讨厌，可以放在心里。如果要把讨厌的想法说出来，就要看我们如何表达了。

毕竟说话是一种艺术，该如何开口才能够忠于自己，同时也让对方感到自在，需要花一番心思学习。对于被拒绝的一方而言，失望之情在所难免。请不要忘记提醒孩子，若自己的回应太直接，很容易把彼此的关系锁死，直接造成很多不可预测的冲突。

秘诀 068 掌握表达的方向与原则

人与人之间的对话，没有标准答案，也没有 SOP（标准作业程序），但可以彼此脑力激荡，激发出更多可能性。

如果孩子的内心就是不希望这位讨厌的同学到家里，这一点请你给予尊重。在回应的方向上，可以锁定明日下午的聚会就是四个人：阿芳、小莲、彤彤和孩子自己。

另一个原则是，无论如何都不要用言语伤害到对方。孩子可以选择拒绝，但没有权利采取嘲讽、揶揄、批评、谩骂、数落、指责等说话方式。

请再次提醒孩子：讨厌是一种权利，但不等同于可以伤害。

秘诀 069 多思考，避免闪烁其词的回应

当孩子说话闪烁其词、吞吞吐吐时，很容易让对方误以为她的态度是犹豫不决的，认为如果自己继续坚持的话，她很可能受影响而妥协。

这样的表现多少显示了孩子在回应上有所顾虑，或者当下脑海里无

法顺利提取适当的数据库来反应，这也是为什么平时就要多思考、多用脑、多演练的原因。

对于闪烁其词，要提醒孩子在平时就要多想一想，多勤练表达的功夫。

不妨和孩子进行一场角色扮演，你来演那个讨厌的同学，和孩子进行一场对话吧！记得要把各种可能的情境与状况都演出来、说出来，看看孩子如何见招拆招。

我们常常告诉孩子知识，却少了一份实际的练习。

练习、练习、再练习，亲子之间就是得多加练习。

问题十三 【营养午餐倒胃口】 你发现孩子编谎的破绽了吗？

我承认，从小就很难忍受蒸过的便当。特别是当饭菜混搭在一起，在午餐时间把蒸过的便当打开时，那股五味杂陈的湿热味道真是让我倒足了胃口。这种对于蒸便当的长期排斥，当然是一项很主观的经验。

另外，我从小就走"偏食"路线，是一个讨厌蔬菜的小孩。也许你很难想象，我敢吃、爱吃和喜欢吃的第一种蔬菜，竟然是香菜。和蔬菜结善缘，还真是花了我好多年时间，直到成年后我才对蔬菜逐渐有了些微好感。

然而，萝卜白菜，各有所爱。吃这回事，没什么标准答案。

茄子——太紫了，阿光用筷子随手一拨；西兰花——唉！长相真的不好看，再拨；豆干——咬两口，味道不对，索性吐了出来。"怎么会有这么难吃的鬼东西啊！"阿光心中抱怨着。

望着眼前没动几口的餐盘，阿光真是倒尽胃口。他现在只能先痴痴地等，等待美妃导师指定的倒厨余时间。"唉！厨余桶吃的还比我多。"每回阿光把剩菜、剩饭往桶子里倒时，总是如此想着。

他倒厨余的动作已经很顺手了，倒得脸不红气不喘。只是回到家里，面对妈妈老爱问个不停，倒厨余这件事，自然成了阿光心中一个不为人知的秘密。虽然班上同学大都知道他这么做，但是可不能让妈妈知道。

"阿光，今天学校的营养午餐吃了什么？"妈妈像是在做市场调查般地问着。

"妈妈，有茄子、西兰花、豆干、香菇和紫米饭。"

"营养午餐有吃光光吧？"

"当然有啊！"说这句话，阿光有些心虚。他很担心被妈妈知道，其实很多饭菜都被自己倒进厨余桶了。

"奇怪，你的食欲怎么这么好？学校营养午餐吃光光了，怎么一放学就马上跟我要东西吃？这么容易饿？"

"妈妈，我可是正在发育期啊！"

"但怎么没看你多长几块肉？"

"拜托！我的消化吸收可是很好的。"

这么和妈妈你一言、我一语的，让阿光很紧张，生怕倒厨余的事露了馅。阿光心里很清楚，自己并不是说谎的料。

"阿光，既然学校的营养午餐你都那么爱吃，我想干脆周末的时候，妈妈也来比照学校的菜单，亲手料理茄子、西兰花、豆干和香菇，怎么样？你想要吃酱烧茄子、鱼香茄子、蒜香茄子或塔香茄子都行喔！你觉得我的建议如何？"妈妈露出喜悦的笑容。

"天哪！紫色的茄子，不要吧！"阿光吞了吞口水，倒抽了几口气。然而这句话只能在心中呐喊着，不敢说出口。

提升解决问题的能力的秘诀指南

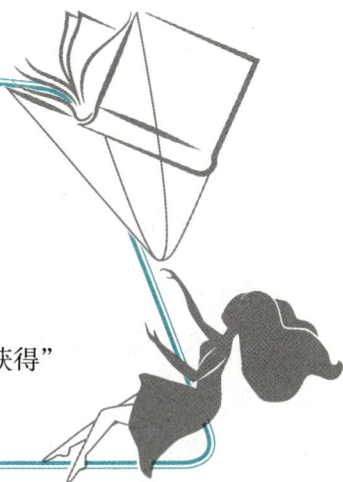

秘诀
070

说大道理，请酌量

当孩子把自己不爱吃的营养午餐倒进厨余桶的同时，也选择了隐瞒。面对这一点，爸妈除了进行无效的批评、责骂之外，也请提醒自己，"讲道理，请酌量"。

孩子不爱听道理，也害怕听道理。特别是关于"吃"这件事，如果爸妈也不假思索地来个通盘大道理，尽管"营养"，却很难令人"消化"，更会害得孩子倒足胃口了。

与其不断地强调："茄子含有维生素 A、B、C、P，微量元素钙、磷、镁、钾、铁、铜等营养素，百分之九十是水分，富含膳食纤维……"倒不如回到关键的问题：孩子为什么不爱吃这些？虽然爸妈们没有进行营养午餐的满意度调查，但孩子不爱吃特定蔬菜的反应，我们应该试着予以重视和解决。

你知道孩子挑食吗？了解孩子多一点，孩子的谎言就会少一些。否则，他可能索性编个谎，告诉你"营养午餐吃光光了"，以免再听你那些让人"难以下咽"的"大道理"。

秘诀 071 亲师消息很灵通

在日常生活中或学校里，孩子发生的一些看似微不足道的小事，却可能因为大人的轻视疏忽与长期不以为意，而慢慢衍生成说谎行为。

对于孩子的表现有所疑虑时，家长和老师之间可以适时地通过沟通，进一步澄清，并讨论出解决方案。例如，若班上大部分同学都知道阿光常常倒厨余，那么老师也应该多少能敏感察觉，并进而与阿光的爸妈联络、讨论。

让孩子明白对于他常倒厨余的事，父母的消息很灵通。既然爸妈都知道了，所以回家编谎就完全没必要了。

秘诀 072 顺着剧本走

当你发现孩子经常为了拒吃营养午餐而编织谎言，或许偶尔可以顺水推舟，顺着孩子谎称的剧本走："孩子，既然你说好吃、爱吃，那么妈妈也比照营养午餐的菜单，为你亲手料理吧！"

有些谎，拆穿的动作可以让孩子自己来，让聪明的孩子知难而退。

秘诀 073 两大关键："逃避"与"获得"

孩子的每个细微行为其实都传达了一些信息。差别就在于，我们大人能否敏锐地嗅闻到这些信息的意义。

在阿光的例子里，"逃避与获得"是很明显的关键因素。无论色、香或味，孩子不爱营养午餐是事实。既然不爱，但菜又端上来了，所以想尽办法逃避当然是很本能的一种反应。

只是这个倒厨余的行为，大人并不赞成，所以孩子需要编一个谎来遮掩。

谎编了，爸妈也信了，多少宣示着自己的第一步"逃避"成功了。

然而，谎言虽然成功了，肚子却空等得饿了。于是紧接着的第二步"获得"——回家后要东西吃以补充流失的能量，当然是选择自己爱吃的，这也成功了。

逃避与获得，就像有些孩子诈病，谎称身体不舒服而请假在家，好好度假是一样的道理。

我们要提醒自己，逃避与获得就像是孩子说谎球赛的两大前锋，得分都靠它们。

秘诀 074 听出孩子圆谎的破绽

孩子一旦发现谎言好用，学会把几句话重新排列组合，再加以修饰、调整、更改、套一套和组织一下，新的剧本就到手了。

渐渐地，谎话一个接一个，而且越来越顺溜，到后来甚至连编谎的人自己都信以为真。而当孩子说谎说到能信手拈来，这表示孩子编的谎，你信；编的谎，有用。

孩子的谎言，需要你的配合才能说得圆通。但令我好奇的是，为什么爸妈没有发现任何破绽？

问题十四 【随便做做，又没人看见】 为什么孩子不在乎？

"拜托，为什么苦差事总是落在我身上？人家只要花三分钟擦个黑板、五分钟随便拖拖走廊就行，为什么大热天的，我就要一个人在这外扫区扫什么落叶？"阿荣满嘴抱怨着。

"再掉啊！再掉啊！"他气愤地猛摇着树，叶子纷纷落下，"再掉啊！再掉啊！扫什么扫？根本扫不完，老师简直就是在找我麻烦。扫落叶，而且还要扫一整个学期，真是无聊又浪费时间，安排这什么打扫工作嘛！"

他不耐烦地挥着扫把，索性把地上的叶子扫到一旁的草丛里。

"反正树叶和小草是友好关系，那么就相亲相爱在一起吧，省得我还要把你们分离，用垃圾袋把树叶带走。而且拖着那么重的叶子，还要走一段路到垃圾场，我干吗啊！反正这里只有我一个人，随便扫扫，根本没有人看见。"

这么大的区域就只有自己孤单一个人，阿荣心里真的不是滋味。

"更何况，叶子扫这么干净是要干吗？还不是只能得到一个章？拜托，为什么不分工作内容？擦黑板的一个章，拖走廊的一个章，而我花这么多时间打扫叶子也才一个章。"

一想到"同酬不同工"，阿荣更是没了认真打扫的动机。

"我猜老师一定不喜欢我，否则不会把我外放到这里受风吹、日晒、雨淋。我可不是个做事随便的人，是这份差事逼得我随便。认真干吗？根本没有人在乎，谁会跑来这里数地上有多少落叶？不可能嘛！"

人和人之间不比较很难，每次想到自己受到不公平的对待，"随便"两个字就立即浮现在阿荣的脑海里——"随便扫扫吧"。

阿荣一个人在外扫区随便扫扫，但他早就做好了心理准备，如果哪天老师问起外扫情况，他的标准答案当然是："我有很认真在打扫。"若老师再问："地上落叶怎么更多了呢？"他只需要回答："风一吹，树上的叶子自然就掉落了……"一切归咎于大自然，准没错。一想到这里，阿荣忍不住志得意满起来，原来自己的脑袋还蛮聪明的嘛！

一个人在外扫区清扫落叶，真没法心甘情愿地领受。

提升解决问题的能力的秘诀指南

秘诀 075　调整"同酬不同工"的做法

秘诀 076　贴近孩子内心的感受

秘诀 077　你在乎，孩子就不随便

秘诀 078　给孩子争取权利的空间

秘诀 079　大人请善解人意

秘诀 075 调整"同酬不同工"的做法

公平性，往往也决定了孩子面对事情的态度。"同酬不同工"，不只会削弱大人工作的热情与意愿，也会引起孩子的逃避动机——为什么做不一样的事，结果得到的都是相同的报酬？更何况孩子还认为，自己做的事总是比别人更多、更难，也更复杂！

"同酬不同工"，难免会使人心感不平。

对孩子来说，为了抚平内心的不满，有时索性自己来决定工作内容。反正最后的报酬和奖励都一样，何不自行把工作内容打个折？从八折、七五折到六折，或者干脆一点下杀到对折。

工作打了折，心里也舒坦些，因为这样掐指一算，自己的付出与获得才对等。

说谎，等于是对诚信打了折。而当诚信一路下杀到低于成本价，信用也就赔本了。

只不过折扣归折扣，这件事只有当事人自己知道。为了避免让老师知道后不开心，把自己叫到跟前数落、责骂，交付更多的打扫工作，说谎，便成了必要之恶。

孩子做的事情是否同酬不同工，这一点，我们大人得先想通，并提醒自己：对孩子来说，不公平的事就像是吹笛人的诱惑笛声，容易牵引出他内心那条说谎之蛇。

秘诀 076 贴近孩子内心的感受

有时对孩子来说，说谎是一种消极反抗的方式。或许孩子心里在想：谁叫老师不爱我，总是让我到教室外扫落叶。毕竟鲜明地对立反抗，自己只是吃力不讨好，下场只会更糟。不如干脆带点谎，老师不一定知晓，还能把老师哄得一愣一愣的，自己也乐在其中。

试着从"爱"与"在乎"出发，贴近孩子的感受。因为不管是谁，都希望被呵护。

秘诀 077 你在乎，孩子就不随便

谁在乎落叶？谁数过地上的落叶？谁管落叶是否被扫到草丛堆里去？或许孩子心想，对这些没有人在乎的事编个谎，大概也没有人会要来拆谎。这种不相干的事情，谁会来理？

你在乎孩子有没有把落叶扫干净吗？

莫让孩子认为你漠不关心，而感到心灰意冷。

有些事，当孩子自行评估为"根本没人关心、没人管"时，"随便"这个词便会篡位，占领他心头——反正随便扫扫，没人知道；随便扫扫，没什么大不了；随便扫扫，只有自己明了；随便扫扫，老师问了说有认真就好。

"随便"这个词，都是大人与小孩一搭一唱培养出来的。为了让孩子"不随便"，我们得让他意识到大人对于所交付任务的在乎程度。

你的在乎，将有助于让孩子的随便心态远离。

秘诀 078 给孩子争取权利的空间

内心不平的感受，对于当事人来说再深刻不过了。

如果问题持续放在那里，不面对、不解决，也不捍卫自己的权利，就像打扫工作一学期不换，这种不公平的感觉就不会消失。这种随便的处事态度，对孩子终究是一种无形的慢性伤害，它将会蚕食孩子的品格及努力的动机。

鼓励孩子争取自己的权利吧！当他能面对问题，捍卫权利，纵使结果差强人意，也对得起自己。

如果认为老师的安排不公平，就试着说服老师吧！学习会争取、有努力、够积极，纵使最后结果不尽如人意，能够面对自己至少就值得肯定。

而大人们要注意的是，我们是否为孩子提供了争取权利的空间？

秘诀 079 大人请善解人意

孩子会把答案写在表情中，记录在说话内容、音量及语调上，同时搭配肢体动作让你参考。当然，有时也难免出现一些行为让你烦恼。

善解人意的老师，可以试着去了解班上孩子的心情，进行合理的工作内容调整。这时如果进行满意度调查，你的分数会爆表。

让孩子感受到你的诚意。有时大人的微调，可能让孩子有巨大的改变。

当老师愿意倾听心声，孩子的"随便心态"亦将随风而逝，取而代之的是认真、负责和积极。继而编谎、说谎与圆谎的行为，也会自动消失。

问题十五 【写功课故意拖延】
这种表达方式比较安全?

我一直很心疼放学后直奔托管班的小朋友。在小小的教室里，挤满背着书包的身影，有时带着满脸无奈，但又无可奈何。

比较幸运的孩子，他们的父母会选择较多元的托管班，而幸运点就在于托管班"好好玩"，能够玩出学习、玩出人际、玩出乐趣，也玩出好心情。

只是很可惜，许多孩子被安排的环境通常不是如此。

我的孩子一直没有上托管班，久而久之，他们视托管班为畏途，若非必要，能不去就不去，对他们而言，放学后能够直接奔回家里，是一种放松与幸福。当然，有些小朋友去托管班是情非得已，或许双亲都在上班，无法在小孩放学后，第一时间陪伴。

我曾经遇到一个接受托管的孩子，到了托管班，他往往无奈地坐在自己的位子上。由于还要多写一份托管班的作业，所以即使他写完了学校作业也还是不能去玩，于是，他索性自己"研发"出另一种生存之道——慢慢写、慢慢写，只写学校作业，而且真的是慢慢地、慢慢地写，就这样慢慢写到托管班下课时，爸妈来接他。

他说："妈妈，我没有说谎喔！我在托管班真的都在写功课啦。"

但是爸妈很纳闷，为什么两三个小时一直都在写学校作业，而托管班的评量一样都没写？学校作业明明并不多，为什么还是写那么久？

有的父母因而怀疑孩子是不是不认真，边写边玩？还是注意力有问题？会不会是 ADHD（多动症）？还是手眼协调不好？精细动作太差？手部缺乏肌耐力？握笔姿势不良？或是写字速度太慢？

有些托管班为了管理上的方便，以及迎合多数爸妈的心理，做法不是很人性化，坚持每个孩子在那两三个小时中，一律都得坐在自己的座位上。做什么？就是不断地写写写、写写写、写写写……

于是，孩子先写学校作业，写完的人，再练习托管班准备的评量。不用担心没卷子可写，托管班的评量备料可多的是。玩？门儿都没有。

我遇到的孩子，就是落在这样的托管班里。

他说："妈妈，你一定要相信我，我在托管班真的一直都在写功课！"

孩子很清楚地精算好了写作业的速度：过与不及都不是好事，最好的谋略就是在托管班的总时间内，将时间都分配给学校作业。而最高指导原则就是：离开托管班时，刚好把回家作业写完。

孩子没有对你说谎，只是他选择"慢工出细活"地写作业。虽然这样子做，并没有达到你的期待。

提升解决问题的能力的秘诀指南

秘诀 080　孩子会选择性地说

秘诀 081　合不合理，不是大人说了就算

秘诀 082　请详阅孩子的"陈情书"

秘诀 083　体谅孩子的理想状态

秘诀 084　叩叩叩，敲敲孩子的心门

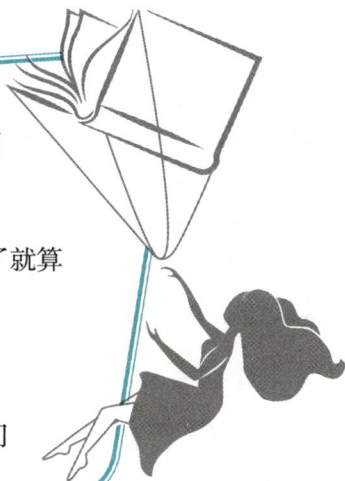

**秘诀
080**　**孩子会选择性地说**

　　一句话要怎么说，孩子已经学会了斟酌。他没说谎、没夸大，也没扭曲，他只是选择了安全的方式开口。依这样的态度来看，我们应该为孩子的深思熟虑感到安慰。

　　亲子之间，有时容易因彼此的期待存在落差而剑拔弩张，冲突情势一触即发。而每每谈到功课或托管班这种"地雷"议题，孩子的避险能力总是略逊一筹。但是，孩子的真心话是："班上作业才刚写完，还要来个托管班的功课？这太对不起自己了！"

　　为了不违背自己的意愿，孩子便"研发"出了属于自己的应变方式——选择性地说。正如他反复向你强调的"妈妈，我没有说谎喔"！只不过，他可能是顺着自己的心意，胜过于去满足你的期待。

　　当孩子面对现实压力，学会了不勉强自己，找到自我调适的方式，虽然这或许不符合你的期待，但你不能因此说他有错。

秘诀 081 合不合理，不是大人说了就算

有时我们必须先思考，大人的规定与期待是否合理。

例如，大人常说"这一切都是为你好"；"去托管班可是要交钱的，别浪费我们的期待，能写就多写"。在大人看来，玩，不该属于托管班的课程内容。

对于已经上了一整天课的孩子来说，托管班的时间的确难熬。所以，请让他选择对自己有利的方式，比如想休息时，就静静在座位上闭目养神。或许这并不符合你的期望，但也不至于对课业有害，虽然，你可能期待考试分数再高一点、再多一些。

不过请记得，长时间窝在学校和托管班的那个人，是孩子。

秘诀 082 请详阅孩子的"陈情书"

对于孩子刻意拖延，回避多写托管班作业这种事，你心里多少会认为"不对、不对"，无法接受孩子的取巧做法。他有能力的，他有时间的，怎么就只有完成那些？

这个时候需要爸妈、孩子与托管班，三者一起把游戏规则说清楚。

例如，每天在托管班需要完成多少作业与评量，同时搭配合理并符合人性的配套措施。比如给孩子中场休息时间，但不限于只能坐在座位上；或采用责任制，当孩子顺利完成作业与评量后，在不干扰他人的情况下，应该给他相对应的自由活动时间。

请合理地说服孩子，并通过协调，尊重孩子的意见，讨论出一套各

自都可以接受的方案。毕竟，上托管班的人可还是孩子啊！

当孩子向你陈情时，请你表现出愿意参考的诚意，尊重他的感受，考量他的需求。

眼前的孩子，并没有说谎。

秘诀 083 体谅孩子的理想状态

你心中可能仍耿耿于怀，认为孩子还是投机取巧。但换个角度看，或许这是孩子所选择的生存之道。在不违逆大人的规定，又不勉强自己心意的情况下，虽然无法处处都迎合父母的期待，但这样的时间安排对孩子来说，或许已经是最理想的了。

孩子会精算自己的时间与心力，并从中决定最符合自己状况的应对方式。只是，你愿意体谅与接纳这样的理想状态吗？

秘诀 084 叩叩叩，敲敲孩子的心门

我们对什么都感到疑惑，对什么都质疑，就怕没有好好考量孩子的心理。有时我在想，我们大人是否常不自觉地挖个坑洞，迫使孩子往下跳？

不合理的要求，不耐烦的聆听，一切以大人的决定说了算……再加上爸妈老话一句："这样的安排都是为了你好啊！"在这种条件与氛围下，孩子不得不随之有所应变。上有政策，下有对策，原来孩子从小就被迫开始练就这种功夫了。

难道就只能这样吗？解决之道无他，请你仔细聆听孩子的每一句话，细细加以推敲，解开隐藏在其中的信息。

诚实第 **3** 部
遵守规范与界线的智慧

问题十六 【都是他做的】
故意栽赃给别人？

许多孩子都会调皮捣蛋，只要是在合理范围内无伤大雅的玩笑，多少还能轻松以对。但是当调皮越了界，孩子犯了爸妈不允许的事，甚至将问题故意栽赃给别人时，大人就必须认真对待了。

"妈，弟弟刚刚把沐浴乳倒光了，我现在要洗澡没得用。"哥哥向妈妈告状。

"弟弟，你在做什么？沐浴乳不用钱是不是？真的很浪费喔，我才刚买没多久！"望着空空如也的沐浴乳瓶，妈妈眉头深锁，这已经不是第一次了，上个礼拜的洗发乳也是如此。

"弟弟把整瓶沐浴乳倒光了，怎么办？"哥哥故意问妈妈。

"妈妈，是哥哥叫我泡澡的时候用力倒的啊！"弟弟有点委屈。

"拜托，我叫你倒你就倒？我又没有叫你一次倒光啊！"哥哥马上反驳，同时心想：活该，谁叫你这么听话。

"你们是没有东西玩了是不是？洗个澡也要这样闹？再这么浪费，以后干脆干洗算了。"妈妈说。

"妈，所以我今天要干洗啰？"哥哥故意追问，他当然知道这么说会让妈妈更生气，也正如他的意。

"干洗？先去拿香皂洗澡啦！反正沐浴乳也不是什么好东西，我看下次不要买算了！"妈妈果然生气了。

"可是我刚刚泡澡又没有泡泡。"弟弟说。

"还没泡泡？你把它整瓶都倒光了，还没泡泡喔！"妈妈骂道。

"真的没什么泡泡啊……"弟弟小声回应。

在一旁看好戏的哥哥得意地心想：弟弟啊，我知道你很诚实。当然没什么泡泡啊，因为已经被我用水稀释得差不多啦！而且我把沐浴乳整瓶倒在马桶里，用力冲水，看着泡泡在马桶里旋转个不停，好好玩！

"洗澡就洗澡，还说什么没泡泡。真的是浪费啊！你这孩子。"妈妈碎碎念个不停。

"妈妈，真的没泡泡啊！但我刚刚尿尿的时候，马桶好香好香，有牛奶的味道。而且有好多好多泡泡……"

妈妈一听弟弟的话，犀利的眼神立刻射向杵在一旁、带点心虚的哥哥。

遵守规范与界线的秘诀指南

秘诀 085　揣摩孩子的心机

秘诀 086　处罚，请慎重

秘诀 087　面对孩子告状，请谨慎受理

秘诀 088　调整失焦的心态

秘诀 089　让手足心服口服

秘诀 090　勇于承担，加权肯定

秘诀 085 揣摩孩子的心机

当孩子出现栽赃、诬陷的行为时，影响的已不单只有他自己，而是越过溪、跨过河，让另一个无辜的人遭殃受害。

许多父母面对手足之间出现如此"有心机"的举动，内心往往满是困惑，更是无法接受，他们会不停地自问："我的孩子怎么会这样？怎么会这样？"

此时，我们最先该做的是冷静下来，好好思考孩子栽赃、诬陷别人的目的。孩子当然不见得会亲口告诉你原因，所以我们得去好好地揣摩。

秘诀 086 处罚，请慎重

"乱世用重典"，有阻止的作用吗？

或许有人点头称是。然而，若处罚太严厉，反而会使孩子的脑中瞬间浮现警告视窗——前方危险，快逃！为了顺利脱逃，总得有另一个人成为诱饵，才能成功转移爸妈的注意力，免得自己被逮。这时，年纪小的手足最适合。

合理的处罚，适当的后果，多少有助于降低孩子栽赃、诬陷的可能。

秘诀 087 面对孩子告状，请谨慎受理

其实栽赃、诬陷的孩子明知自己是理亏的，这也是他要恶人先告状、扭曲事实的原因。

控制局势，先发制人，这一点是关键。先铺陈一下偏离真实的剧情（剧本是他写的，他当然心知肚明那是编的）；再让出面处理的妈妈在弄清情况之前，就先直接地把"错"贴在弟弟身上。

就这样，恶人先告状的目的达到了。

为了避免这样的状况，面对孩子告状，请谨慎受理。

秘诀 088　调整失焦的心态

看着对方被栽赃、诬陷的落难反应，可能会激起说谎者内心的得意感，有种"一切都在我的掌控中"的感觉。

当孩子产生这种偏差心态，正提醒着父母注意，这并非小事，该选个合适的时机好好处理了！

当家有手足，有的孩子会期待在爸妈眼中，自己是比较乖的那一个，于是他把错推给另一个人，塑造对方犯错的模样，以减损手足在爸妈心目中的印象。这变成一场"游戏"，一来一往，你输就是我赢，你扣分就等于我加分。

在这场"游戏"中，父母除了要随时校正孩子的偏差心态，也需要随时提醒自己，看看自己平时是如何对待孩子的。

秘诀 089　让手足心服口服

身为父母，我们总认为自己对待家里的每个孩子都是公平的。有趣的是，如果在马路上随机进行访问，可能会发现多数孩子都直觉地认为爸妈不公平，对家中的另一个小孩总是特别好。

心中的不平，促使孩子想要在爱的跷跷板上用力一压，至少要让父母的对待维持平衡。当然，若能倾向自己这边就更完美了。只是孩子毕竟年纪小，涉世未深，力道掌握不好，因此在面对问题时，也很容易用力过度。从而导致了栽赃、诬陷，让无辜的人受到伤害。

要避免这样的心态出现，请负责"路平项目"的爸妈在亲子关系的处理中，让手足之间心服口服。

秘诀 090 勇于承担，加权肯定

翻转孩子对犯错的恐惧吧！特别是生活中的轻微小错，若在你能接受的范围内，就微笑地接受。但是也请提醒孩子，这并不表示他以后可以再做这样的事。例如孩子浪费资源，把沐浴乳倒光这种事。

"妈妈，我刚刚把沐浴乳整瓶倒在马桶里，用力冲水，看着泡泡在马桶里旋转个不停，好好玩喔！"

听到孩子这么自若地坦承自己做的"好事"，我想大多数爸妈的自然反应是歇斯底里地把小孩痛骂甚或暴打一顿。

试着用另外一种方式看待这件事吧！对于孩子的坦诚，请你给他十足的肯定，甚至要加权多少倍，任凭你决定。

但是要让他知道，你肯定的可不是他把沐浴乳全倒光了这件事（虽然好奇心也是值得肯定的啦）。你的加权肯定，将让孩子的勇于承担挂牌上市。

问题十七 【我只是好玩而已】
孩子玩笑开太大？

　　荷兰概念艺术家霍夫曼（Florentijn Hofman）创作的大型充气黄色小鸭，因为巨大而备受关注，被大家看见，也勾起了许多人的童年回忆。这件"大作"以其艺术表现上的成就及心灵疗愈作用，吸引了众多人的目光。

　　同样地，对原本就以开玩笑为乐的孩子来说，当他感到大人的关注不足时，自然会想利用一次"大"玩笑，来吸引爸妈的目光。只是一旦玩笑开得太大，超出了界线，造成的失控后果却非当事人所能掌控。

　　玩笑，当然可以开，但应该适可而止。然而孩子对玩笑分寸的拿捏，经常无法把握得很好，甚至索性用玩笑或谎言当作解决问题的手段，却没察觉到自己做得太过火了。

　　"妹妹，你走开，不要弄倒我的弹珠轨道组啦！"小荣对八个月大的妹妹嚷着。

　　妈妈走到房门外去打电话，不时用眼神告诉小荣多注意妹妹一点。

　　"妹妹，你很烦耶，不要碰我的东西啦！走开！走开！"小荣忙着保护自己的玩具。

妹妹被哥哥的大叫声吓哭了，妈妈仍然在打电话，以手势要兄妹俩安静一点。

"很吵耶！哭什么哭？烦死了！我再说一次，不要乱碰我组装好的弹珠轨道！"小荣气急败坏地说着。

妹妹继续号啕大哭。

"不好意思，孩子在一旁有点吵，我待会再回电给你。"

见情况混乱，妈妈索性先挂上电话，拉开了嗓门儿。"小荣，你在干吗？你没看我在打电话吗？要你帮我先看一下妹妹，陪她玩，干吗老是把她弄哭？害我都听不清楚对方在讲什么，真是讨厌！"妈妈一边抱起妹妹安抚，一边嘴里碎念着。

哥哥嘟着嘴，摆出一张再难看不过的臭脸瞪着妹妹，心里嘀咕着："讨厌？我才讨厌她呢！干吗没事老爱乱碰我的玩具，又不会玩，只会捣蛋。讨厌！"

想到这里，小荣突然灵机一动，大喊："妈妈！妈妈！我的弹珠少了一颗，该不会是被妹妹吞进去了吧？"

他的大声叫嚷又把妹妹吓哭了。

"你说什么？吞进去？那还得了！"妈妈吓到了，妹妹也跟着哭得更大声。

哥哥的视线飘向了收纳箱，他的橘色小弹珠正静静地躺在地毯上。

"妹妹，来，妹妹，你趴在妈妈腿上。来，嘴巴张开，头低下，来。别哭别哭！"妈妈惊慌失措地对妹妹又是拍背又是压胸。

眼前的画面让小荣感到好笑，心想：活该，让你变成弹珠超人。

"怎么办？怎么办？弹珠吞进去了怎么办？"妈妈急得如热锅上的

蚂蚁，手足无措，妹妹哭得也更歇斯底里了。"要不要送医院？要不要
送医院？"妈妈口中喃喃自语。小荣的表情也随着妈妈心急如焚的样子，
慢慢变得僵硬……

那颗弹珠，仍然静静地躺在地毯上。

遵守规范与界线的秘诀指南

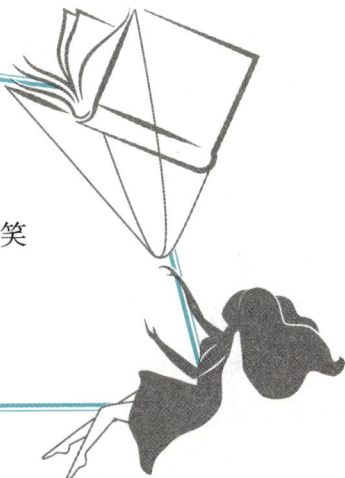

秘诀 091　　只是期待被看见

秘诀 092　　这个玩笑，一点都不好笑

秘诀 093　　学习承担越界的后果

秘诀 094　　拿回关注的主动权

秘诀 091　只是期待被看见

每个孩子多少都希望被重要的人"看见"。

被看见，让他察觉到自己的重要。被看见，让他感受到自己的存在。
被看见，自己做的一切都值得。

然而一旦我们忽略了孩子的感受，即使近在眼前，距离却无比
遥远。

请随时提醒自己是否冷落了孩子？特别是家有两个以上的小朋友，
更需留意。

秘诀 092 这个玩笑，一点都不好笑

"我只是开玩笑，好玩而已。"当孩子把这句话挂在嘴边，他必须知道，有些玩笑一点都不好笑。

对于已有表达能力的孩子，不妨先问问他："这么做到底好玩在哪里？"听听看他的回应。

有时让孩子笑的是大人紧张的反应，例如花容失色、惊慌失措、歇斯底里等，因为这和平常看起来正经八百的爸妈不太像。而当事人（妹妹）的强烈情绪反应，也是孩子（哥哥）的笑点之一。

接着，请让孩子知道，这、一、点、都、不、好、笑！

这时，请拿出你最经典的扑克脸，冷冷地看着他。孩子需要感受到，他的玩笑真的开过头了。

让孩子思考开玩笑的初衷，并且学会适可而止。

秘诀 093 学习承担越界的后果

搭乘地铁或高铁时，在站台上，你需要清楚地让孩子知道"请勿跨越黄色警戒线"，并且禁止他们在站台上玩耍、嬉戏。同样的，开玩笑也要有限度。孩子必须知道一旦玩笑闹得太大了，就可能给自己和别人带来很大的困扰与风险。例如，若因为小荣的玩笑，妈妈真的叫来了救护车……后果是小荣难以承担的。

当孩子真的越界了，又该怎么办？如果玩笑闹大了，我们必须让孩子学习承担，至少要让他强烈感受到乱开玩笑背后的责任与代价。至于

承受什么后果，你可以先把球抛回给孩子，让他说说自己该负什么责任，以及爸妈该如何处理。

如果你决定要让孩子参加"道安讲习"——爸妈的说道理时间，请记得在时间安排上，挑选孩子在乎的时间进行，例如卡通时间、玩 3C 时间或上网时间。至少让他先承担被剥夺感，比如美好的时光就这样报废了。

孩子必须明白，当玩笑之河暴涨，超出了警戒线，冲破河堤后的代价将是他难以想象和承受的。

秘诀 094　拿回关注的主动权

或许你已经试过了说讲道理。但这个方法需要平时慢炖细熬，且要让孩子理解与了然于心。

又或者当孩子开玩笑开过头时，给予过处罚，让他承担后果，也的确换来了短暂的相安无事。但你心里却没把握，不知道下一次的玩笑风暴何时会再起。

那么，何不主动一点，拿回关注的主动权！对孩子的"关爱之球"就在你手上，如何抛出？何时抛出？球速如何？球技怎样？控球如何？……掌握好这颗球，你将有机会改变孩子爱开玩笑的行为。

还有，请你实时接收孩子对你的关注给予的反馈信息，让孩子能感受到——"爸妈真的有关心到我耶"的切实感受。

问题十八 【这不是你的】
面对偷窃诱惑，如何与自我对话？

　　在辅导与交流的过程中，我常发现许多孩子不太能够思考、不太愿意思考，也不知道该如何思考。老实说这不能怪孩子，当我们大人自己也不爱思考，很少进行自我觉察或反省时，孩子自然也就缺乏这样的能力。

　　对许多父母来说，"自我对话"是一件很陌生的事。但是，孩子的自我对话仍需要经过父母的引导与训练。每一次的自我对话，都让孩子多了一次探询自己内心的想法，觉察与了解自我行为动机的机会。

　　更进一步说，自我对话也能让孩子强化自律能力。

　　例如，面对眼前不属于自己的物品，对拥有自律能力的孩子来说，无论身旁是否有人或录像监视，他都不会去碰。因此，我们也就不需要额外担心孩子会不会越了界，犯下偷窃行为。

　　同样的场景，换成缺乏自律能力的孩子，面对眼前的致命吸引力，心中偷窃的念头开始蠢蠢欲动。然而，我们不可能一直陪伴在孩子身边。在这种情境下，若要让孩子适时停手，除非他的内心出现及时的自我对话——白天使与黑魔鬼，善与恶的交战。

想法，决定了一个人的行为。做与不做，在于孩子的心里如何想。

面对偷窃的鬼魅挥手召唤，就怕孩子不假思索便迎向前去。如果孩子没有觉察到自己不当的念头，无法自我对话，心里未浮现“这不是你的”的想法，他将很容易就越界。

“这不是你的，你不应该拿。没经过别人允许就不能拿！”白天使阻止他。

“那又怎样？我喜欢啊！而且现在没有人看到，拿了也没人知道。”黑魔鬼诱惑他。

“你拿了不会有罪恶感，不怕被发现吗？难道你不知道被发现的后果有多严重？你没想过被偷的人，他心里会有多难过、多生气吗？”白天使义正词严。

“罪恶感？不去想就没事啊！更何况现在又没有被发现，而且以前被发现了也没有被怎么样啊！”黑魔鬼实在诱人。

…………

自我对话在孩子内心左右摆荡，结果如何，就要看哪一方最后能够胜出了。

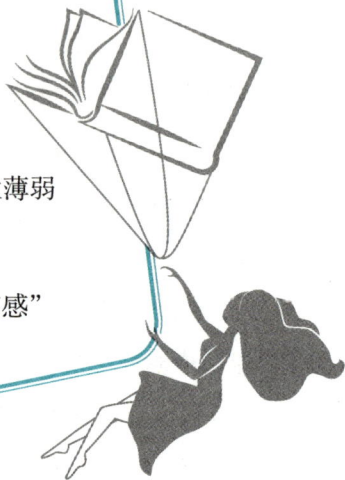

秘诀 095　偷窃，买大送小

面对孩子的偷窃行为，父母的第一个挑战在于"偷窃，买大送小"——在处理偷窃行为之前，横在你眼前的将是他的说谎挑战。

当然啦，谁会老实承认自己偷东西呢？除非当场人赃俱获，证据确凿。要不就是孩子对所有权的概念非常模糊，心智成熟度相对不足。否则，很少有孩子会大声跟你吆喝："妈妈，我有偷东西啦！"

偷窃与说谎就像一对亲密的哥们儿，浓密得分不开。只有在有效地处理了说谎问题后，偷窃的行为问题才能迎刃而解。

秘诀 096　减少偷的胆量

有些事，我们以为神不知、鬼不觉，除了自己没有人会知道。孩子偷窃的胆量，或许正来自这个"反正没人看见"的想法，然后更进一步地"合理推论"：反正没人看见，就没有人知道是谁拿的。这时，他觉得自己不会马上为偷窃行为付出代价，因为他还没想到会被抓，自然也没有任何后果可言。

"不会被发现"的念头像个坏家伙，总是在脑海里引诱孩子犯错。但我们需要让孩子知道，有些事只是时间问题，迟早有一天，他会被发现的。

秘诀 097　"只要我喜欢"的理由太薄弱

谁说"只要我喜欢"就什么都可以？"我喜欢"这个理由太薄弱，也太缺乏支持论点。

与此相比，我倒是比较好奇，爸妈知不知道孩子非常喜欢眼前这个东西。这时重点倒不是得立即满足孩子，随手买给他。而是当孩子向你反映他有多喜欢时，你是如何回应的？

· 断然拒绝？（在此之前，或许可以先听听看孩子怎么说，毕竟那是他很喜爱的东西。）

· 协调承诺？（让孩子知道喜欢是一件事，但如何取得又是另一件事。不过，这么做至少有和孩子讨论，让他感到多少还有一线生机。）

· 延宕满足？（或许你会给，但需要孩子多点耐心等待。）

• 选择替代？（告诉孩子："爸妈知道你喜欢，但你也有其他所爱啊。先玩以前的吧！"）

秘诀 098 注意孩子的好表现

"为什么有些话我已经强调很多次了，但孩子仍然出现偷窃的行为？"这是很多父母共同的疑问，的确令人费解。

照理说，爸妈被叫到学校，孩子应该会感到羞愧。明明知道自己偷东西、犯了错，会引来爸妈责难，甚至让他们为此得常往学校跑，比平时参与学校的活动还频繁，身为当事人的他却显得乐此不疲，甚至"感到满足"。

或许，孩子只是想换个方法，吸引你的注意。

你可能不以为然。什么方法不选，竟然选择偷窃！但是对孩子来说，只要能够让你注意到他，就是有效的方法。

你选择看哪里，孩子就会从哪里回应你。所以，该是我们仔细注意孩子的好特质、好表现的时候了。

秘诀 099 让孩子对偷窃的后果"有感"

当孩子出现反复性的偷窃行为时，除了考量生理上（例如冲动行为）、心理上（例如强迫行为），以及当事人无法自我控制的一些因素外，还需考虑为何先前对孩子偷窃行为的处理，没有产生预期的效果。

到底怎么做，才能让孩子对于后果有感觉？我想，关键在于我们对眼前的孩子了解多少。我们知道他喜欢什么，又讨厌什么吗？

如果孩子对偷窃所带来的后果没感觉，那么，他会觉得继续偷下去反正也无所谓。只有让他"有感"，才有助于抑制偷窃行为。

秘诀 100　教孩子启动自我对话

启动自我对话，开始内在语言的练习，将让孩子有机会了解自己对事物的感受与看法。例如：

- "现在有没有人发现根本不是重点。因为眼前这东西本来就不是我的，我根本不会去拿。"
- "虽然我喜欢这个东西，但它不属于我。如果我真的想要，得试着想办法用合法的方式取得。"
- "让爸妈注意我的方式有千百种，我没必要用那些让自己和父母都难堪的方法。我相信，我能够聪明地用更好的表现赢得他们的注意。不然，直接将自己希望被注意的想法说出来，也是个可行的方法。"
- "我才不会那么笨，谁知道后果如何？干吗给自己惹麻烦。不是我的东西，我根本不会去拿，也没必要碰。"

让孩子练习把类似的话说出来，让自己听见。随后，再慢慢练习在自己的内心对话。

问题十九 【小学生有脸书】
孩子谎报年龄申请脸书，怎么办？

"哎哟，怎么事情一忙，就有这么多条待回信息啊！不回复还真有些不礼貌。"小晴妈一边浏览手机，一边喃喃自语，"现在的智能手机到底是让人变得更有智慧了，还是反而被控制得更笨了？"

叮咚、叮咚、叮咚，脸书①的信息声响个不停。

"妈，你的手机能不能借我看一下？"小晴问妈妈。

"看什么？"妈妈回应。

"我想要到脸书看看同学的涂鸦墙，还有其他人的留言信息。借我看一下嘛！很快就还你了。"小晴说。

"小学生有脸书？"妈妈感到很疑惑。

"拜托，我们班上很多人都有脸书账号好不好，我看可能只剩下我没有。唉！真是可怜。快借我看一下啦！"小晴说。

"不对啊，据我所知，申请脸书账号需要满十三岁，你们小学生哪个超过十三岁？哪有什么资格申请脸书？"

---

① 脸书：即 Facebook，是美国的一个社交工具。

　　"妈妈你也帮帮忙，拜托，别落伍了。只要改个出生年不就行了？我们同学都用爸妈的出生年，再加上自己的生日，随随便便就可以申请到账号。脸书查不到的啦！"小晴不以为然地说。

　　"不对啊，你们班上同学用假的出生年月日来蒙混过关，申请脸书账号，这本身就是不对的行为。"妈妈说。

　　"哎呀，又不会怎样，只是用个脸书而已，哪有那么严重！"小晴觉得妈妈太小题大做了。

　　"小晴，用假资料申请就是种不诚实的行为！"妈妈正色地说。

　　"妈，你想太多了啦，更何况有很多同学都这么做，在学校很普遍，有些人还用共同账号。"小晴不耐烦地反问，"妈，那我问你，如果这个行为这么严重，为什么还有那么多同学都在做？我们班上还有人是爸妈帮忙申请账号的，那又怎么说？"

　　妈妈有点被小晴的问题问倒了，特别是听女儿说，班上还有同学是爸妈代为申请账号的，她真的感到一阵混乱和茫然。

　　"大人都不诚实了，那孩子怎么可能不说谎？"

　　叮咚、叮咚、叮咚，脸书的信息声仍不停歇……

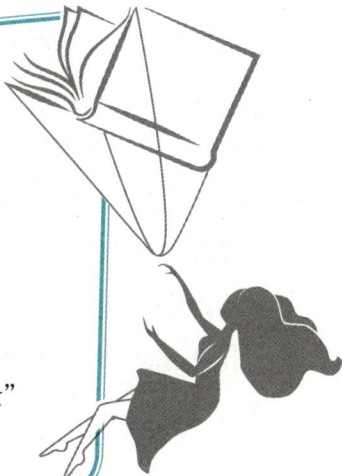

遵守规范与界线的秘诀指南

秘诀 101　　尊重孩子的疑惑与询问

秘诀 102　　别批判，先聆听

秘诀 103　　寻找弹性的替代方式

秘诀 104　　当爸妈知情不报

秘诀 105　　关于谎报年龄的"延伸讨论"

秘诀 106　　是非观念要坚持

秘诀 101 **尊重孩子的疑惑与询问**

当孩子主动向你表示她还没申请账号，或者询问你，她是否可以比照其他同学的做法申请账号时，首先，你应该感到欣慰——至少她还愿意征询爸妈的意见！现在有太多孩子干脆连问都不问，直接填上 E-mail，再把出生年份多加个几岁，脸书账号就直接申请成功。

我家就读小学高年级的女儿曾经不止一次问我："爸爸，我可不可以申请脸书？""爸爸，为什么我不能有脸书？"对于女儿的疑惑与询问，其实在当下我是感到高兴的。至少这样的态度，已经充分体现了对父母的基本尊重。

秘诀 102 **别批判，先聆听**

别急着批判，先听听孩子关于申请脸书的想法。

• 也许是同辈之间的一种认同或归属——你有，他有，我也有。

• 也许是一种现代孩子的沟通模式。明明两人就坐在隔壁，还在用信息传来传去。

• 也许是孩子展现自己、秀自己、分享自己的舞台，或者借以了解别人的生活动态（虽然脸书内容不见得都真实可靠）。

• 或者宣示自己的交友战力，比较朋友数的多寡。

• 玩游戏的当然也有。

• 让自己同步跟得上时代潮流的动机，也很常见。

别批判，先聆听，有助于进一步了解孩子的需求，例如人际与情感。

同时，可以进一步掌握孩子对于谎报年龄的态度，及目前小学生的现实状态。

秘诀 103 寻找弹性的替代方式

如果你坚持孩子未满十三岁，不符合脸书使用年龄的规定，不能申请脸书，不妨试着以其他替代的方式，来满足孩子现阶段的需求。例如，鼓励孩子在校内或课余时间多主动与同学互动，练习面对面地聊天、分享或沟通，甚至邀请同学到家中做客都行。

然而，脸书这种媒介能够满足不同的需求。脸书的威力，的确势不可当。如果孩子希望借你的脸书 App 来了解同学的动态，我想，这也是一种有弹性、可接受的做法。

秘诀 104 当爸妈知情不报

孩子可能存在着一种疑惑：为什么同样的规定，有的爸妈坚持遵守，但有的爸妈根本无所谓，认为谎报年龄帮孩子申请账号无伤大雅？

面对这样的疑问，我们可以通过讨论让孩子了解，对于同一件事，每个爸妈可能各自存有不同的解释与看法。

家长如何看待脸书？可能的情况如：

• 自己也不了解脸书，反正点赞就对了。

• 对孩子的信任与放手、放任或不管的程度不同。

• 期待通过脸书，了解孩子的生活、想法或交友状态。

• 父母本身对于生活上、工作上、网络使用上，相关规范的遵守态度不同。例如冲撞规定、挑战规定、死守规定、弹性配合规定，或规定由自己决定等。

请仔细留意，自己是否为推动"谎报年龄"的那只手。

秘诀 105 关于谎报年龄的"延伸讨论"

在和孩子讨论脸书的限制规范之前，或许可以先听听看，孩子对于脸书的了解与认识有多少，还是只停留在交友、玩游戏、做心理测验。

接着思考，为什么脸书特别设定未满十三岁不能申请账号的限制？它的考量是什么？

再回到现实，为何现在有这么多小学生谎报年龄？他的爸妈、老师知不知情？对于网络规范的遵守又是抱持何种态度？

这些都是可以从"谎报年龄"这个行为延伸出来讨论的细节。

秘诀 106 是非观念要坚持

有些话，试着和孩子交代清楚，特别是一些"是是非非"的观念。

例如，并不是很多人都在做，就表示该行为是可以被接受的。我们要留意孩子的想法是否被"反正"两个字，渐渐吞噬了——"反正大家都是这样在做，所以我这么做也根本没问题。"

做父母的千万要谨记：当"反正"两个字频频浮现出来，孩子的某些观念和行为就很难有所改变。

问题二十 【身上好像有烟味】
青春期孩子偷抽烟？

在与青春期孩子进行辅导交流的过程中，来自学生身上的烟味，往往传递着某种特定的信息，等待着我们的倾听、感受与解读。

当然，烟味也挑战着彼此的关系。孩子正检视着我们的接受度，试探我们是否总是以偏见来看待他。

"抽烟＝？"请先别急着立马填上答案，毕竟眼前的孩子，我们都还不大熟悉。

嗅着烟味，我先想到的，往往是青春期孩子与他父母之间的关系，特别是信任的关系和沟通的模式。

"你的身上怎么有烟味？"妈妈问明强。

明强低着头闻了一下外套。"有吗？我怎么闻不出来？"

"我隔这么远都可以闻得到，你的嗅觉有那么差？"妈妈心想，接着小心翼翼地问："你是不是去了什么地方？"

"什么地方？我不知道你在说什么？"明强镇定地回应。

"还是你跟谁在一起？"妈妈问得有些顾忌，毕竟到了青春期，孩子对于被质疑是相当敏感的。和孩子说话就像走在高空绳索上，生怕一说错话，立即坠入深渊，所以必须很小心谨慎。

"妈，我真的不知道你在说什么。可以有话直说吗？"明强反问。

越是听儿子这么说，做妈妈的反而越不知道该如何问下去。

但，明强身上的烟味真的很刺鼻。不，应该说这个味道让她感到厌恶。而在这股烟味的背后，妈妈内心焦灼不已，一直在思索孩子是否隐瞒了抽烟这件事。"我到底该怎么问，才能让他愿意坦承？"

"妈，你到底想要说什么？还是你认为我抽烟，所以身上才有烟味？"明强开门见山，说得直截了当，反而让妈妈有点招架不住，不知道该如何是好。儿子沉稳的语气，反而让妈妈备感压力。

"你是怀疑我抽烟？"明强追问，让妈妈有种被步步紧逼的感觉。

"嗯……嗯……嗯……"妈妈显得支支吾吾，"我没有那个意思啦！我没有怀疑你抽烟，只是……"

"只是什么？"明强问。

"嗯……嗯……嗯……"妈妈答不出话来，心里却在想：孩子，如果你真的抽烟，干脆就直接告诉我吧！虽然我不想要听到这个答案。

烟味，仍然阵阵刺鼻，令人作呕。

遵守规范与界线的秘诀指南

秘诀 107 真诚相待

与青少年对话时，父母虽然试着在意孩子的感受，却往往弄不清楚他到底在意什么。这是一种很矛盾的心情，照理说自己和孩子相识这么久了，应该能够懂他才对。

当青春期孩子做出了你所不期待的表现（例如抽烟），在与孩子对话时，若我们显得欲言又止、支支吾吾，流露出想问又不太敢问的顾虑，这一切其实都被孩子看在眼里。他只是闷不吭声，以静制动，先看你如何反应。

和青春期孩子对话——特别是当话题相对敏感，可能是隐私、尴尬，或孩子做了不该做的事时，我想许多父母难免会战战兢兢，特别留意自己的用字遣词是否适当。

的确，不敏锐点仔细推敲所用的词汇可不行，父母生怕自己一说错话，踩空了而让亲子关系坠入无尽的深渊。奇怪，明明自己的脚就踏在质地坚硬的罗马地砖上，人就坐在柔软舒服的沙发上啊，为什么却有一种脚踩高空绳索，底下竟是大峡谷的感觉？

易碎物品，请小心轻放。易碎关系，要小心介入。面对眼前的青春期孩子，相处之道，贵在真诚相待。

秘诀 108 站在对方的立场倾听

当我们怀疑孩子可能做了不被允许的事，并认为他对此有所隐瞒时，一方面会想，干脆直接点破，但另一方面又担心，这么做会不会打碎那层如花瓶般脆弱的亲子关系？

在隐瞒与坦诚之间，我们和孩子不妨先借此机会思考一下彼此对于一些事的看法。

就拿抽烟这件事来说，你显得非常在意，但青春期孩子却一派无所谓的样子。这在某种程度上也反映了亲子对于抽烟行为的认知落差。你犹豫而不敢问，但他却显得轻松自然。

当我们渐渐懂得孩子对某些行为的想法与感受，他也认定爸妈是可以谈话与倾听的对象，并不会一味地为反对而反对时，许多事，孩子就不需要再选择隐瞒。比如对于抽烟行为，他知道，至少你愿意先听听看他的想法。

倾听，也是一种彼此间的尊重。

秘诀 109　有话直说的约定

有的青少年喜欢直来直往，有话直说，不拐弯抹角。有时直白一点，彼此反而更容易懂。如果你的孩子也是走这种"直线风"，平时就掌握好频道，那就直接敞开亲子沟通的大门，彼此把话明说，干脆一点。

有话直说，有问必答；至于是否诚实回答就再说了。

重要的是亲子之间抛开相互的猜忌——孩子啊，我们就把话明明白白地说吧！

"身上怎么有一股烟味？明强，你是不是有抽烟？"

这样的提问很直接，充满着你对孩子的质疑。因此提醒你，这样的问句，仅适合用于有话直说的亲子关系。

使用之前，请先清楚孩子的沟通风格：你的孩子是有话就说，无所隐瞒的直线型？还是拐弯抹角，说话不够直爽的迂回型？或是思维跳跃，说起话来让人抓不到重点的弹跳型？

秘诀 110　肯定孩子的坦诚

有些青少年讲话很直爽——抽烟，有就是有，没有你也别栽赃。若孩子神情镇定地回你："妈妈，我有抽烟。"对于孩子如此坦荡荡地回应，你在惊吓之余，请先别急着指责、批判。

换个角度来看，当孩子能够诚实面对自己的抽烟行为，并坦然向你表露，这本身就是一件值得肯定的事。（当然，这里肯定的并非孩子吞云吐雾，毕竟"吸烟过量，有害健康"，更何况孩子还未成年。）

先接纳孩子抽烟这件事，因为这是已存在的事实。

接纳，并不是要你认同或接受他的抽烟行为，这是两回事。而是你唯有先接纳孩子已抽烟的事实，彼此才有办法继续谈下去；或者说，他才愿跟你谈下去。

所以，有些话就先不要脱口而出。例如，"你难道不知道抽烟对身体不好？""你为什么要抽烟？""是谁带坏你的？""被你爸爸知道你就完蛋了！"

过多的抱怨，只会有碍亲子之间良性的互动交流，会让孩子立即拉下沟通的铁门。

诚实第 **4** 部
拥有真诚与坦然的关系

问题二十一 【我没有说错话】 "亚斯"的真诚，父母的冷汗？

在我服务的儿童及青少年中，常遇到有"亚斯伯格症"的孩子。许多父母和老师也常因"亚斯"难以捉摸的特质而感到烦恼、头痛，寻求心理咨询或教师咨询。

"亚斯"的真诚，毋庸置疑，深受许多大人的肯定。然而，因真诚与直白所衍生的正义感，却往往也让一旁的大人捏一把冷汗。

而这令人心惊胆战的正义感，很容易就在日常生活中发生。

"叔叔，你的车子挡住我们走路了。大马路上不能并排停车喔！七月一日起，并排停车将加重罚二千四百元新台币。"小亚说。

双 B 轿车里的大叔斜过眼，不爽地瞪着他。

"小亚，别说了，马路上车多危险，快走！"妈妈焦急地催促着，心想：儿子啊，你没看见里头的大叔不太好惹吗？

小亚没有想走的样子，因为他话还没说完。"叔叔，你的引擎已经熄火了，可以取消喔！"

大叔嘴角歪斜了一下。从嘴型判断，妈妈可以猜出他骂了什么粗话。

"小亚，别说了，马路上车多危险，快走！"妈妈把话重新再说了一遍。何止车多危险，眼前这位大叔看起来也很危险。

"叔叔，你已经停三分钟了。再不开走，警察要开罚单哦！"小亚仍然继续说。

大叔眼神犀利，威胁加码。

"小亚，别站在马路上，危险，快走！我们还要赶时间。"这回，妈妈不得不强拉孩子离开这个危险现场。

妈妈这样强迫带离的举动，让小亚感到极度不舒服。除了身体触觉敏感，不喜欢被拉之外，固执的他，也认为刚刚的事情还没解决。

虽然离开了令自己胆战心惊、捏了好几把冷汗的街头，妈妈仍然扑通扑通地心跳加速。地铁上，惊魂甫定的她想和小亚解释。

"小亚啊，有正义感是很好，但你也要懂得保护自己，是吧？你没看刚刚那辆车子里的叔叔已经很不开心了，怎么还继续跟他说呢？难道你不怕他下车揍人吗？"

"可是我没有说错话，为什么要怕他揍人啊？"小亚反问。

"小亚，妈妈当然知道你没有说错话，但我怕他揍人啊！"

"新闻有报道，七月一日起，交通新制已经实行。依台湾地区《道路交通管理处罚条例》第五十六条：汽车驾驶人停车时，有并排停车之情事者，处汽车驾驶人新台币二千四百元罚款。另外叔叔屡劝不听，虽然人在车里，但引擎已经熄火，停车又超过三分钟，交通警察是可以直接按违规处罚的。"小亚直接背出了法条。

"小亚，我知道你也是为那个叔叔和其他的路人好，但你不是交通警察啊！"妈妈劝说。

"妈妈，我没有说错话。"小亚坚持着。

说真的，孩子是没有说错话，但他太固执、太缺乏察言观色的变通能力，就是让妈妈放不下心。这是许多父母和亚斯伯格症孩子对垒后，最大的感受与烦恼所在。

拥有真诚与坦然的关系的秘诀指南

秘诀 111　正义感与安全感的厘清

秘诀 112　微笑接纳孩子的真诚

秘诀 113　不争辩，不绕圈

秘诀 114　教孩子换个方式说

秘诀 115　亲自示范，展现身教

秘诀 116　学习其他的弹性解决方法

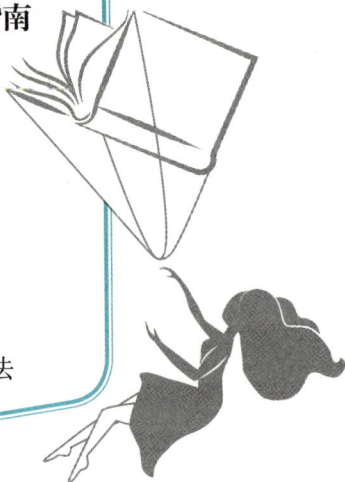

秘诀 111　正义感与安全感的厘清

正义感是一项良好的美德，这毋庸置疑。电视新闻里或网络帖文中，那一则则正义哥、正义姐的消息，总是让我们竖起大拇指点赞。但是，当自己的孩子在路上展现出仗义执言的态度时，面对孩子的正义感，为人父母的反而会感到忧虑。这是人之常情。

我们在忧虑什么？我想其中一部分，在于希望孩子要学会"看对象"。

"你没看那大叔犀利的眼神，多吓人……"

你不是不认同这份正义感，只是你可能心想，孩子的自身安全比较重要。

关键就在这里了。当正义感与安全感交错时，身为父母的你会选择哪一边站？这也决定了我们该如何向孩子解释。

秘诀 112 微笑接纳孩子的真诚

对于孩子的这份真诚，请先微笑接纳。捍卫标准答案——这是一份属于亚斯伯格症孩子特有的真诚。一旦他认定了，常会死守到底。

提醒自己，接纳孩子现有的表现。例如他对于法律是非分明、严格遵守的态度，以及让你头冒冷汗的表达方式。

但是，接纳并不表示你就接受或认同他的做法，毕竟比起正义感，维护自身安全还是要摆在第一位的。只是这份难得的真诚，需要被珍惜。

秘诀 113 不争辩，不绕圈

请先别和孩子争辩他那样做是对或者不对。提醒自己，亚斯伯格症的孩子很容易陷入二分法，而我们自己也要避免重蹈覆辙。

别忘了，在他的认知里，对于遵守法律的强烈执着这一点是毋庸置疑的。所以，别说他错。要他认错，门儿都没有！

一旦你们俩陷入争辩之中，就很容易掉入循环——没完没了，没完没了，没完没了……这个循环可不只是绕三圈而已。

我们和孩子之间，可以有共同的默契。事情没有标准答案，但是有比较适切的解决方案。

秘诀 114　教孩子换个方式说

孩子的美德需要被肯定。同时，我们要让他知道：可以有正义感，但不一定要惹麻烦。

条条大路通罗马，孩子也需要学习依不同状况而有不同反应，既展现出自己对于法律与正义的捍卫，同时，也维护了自身的安全。

如果孩子非说不可，就让他换个方式说。这得靠平时利用白纸黑字，反复练习。

例如："叔叔，你的车子太靠马路了，小心被摩托车剐伤。这么好的车，被剐到是很可惜的。"

孩子需要知道，有些叔叔爱车身，胜过爱别人的身体。对于自私的人，就先以他在意的角度切入。

秘诀 115　亲自示范，展现身教

如果你担心孩子说话时，语气及内容无法掌握或拿捏，干脆就由你自己开口说，这是一个良好的身教示范。

只不过，面对凶神恶煞时，更需要精准地察言观色及用字遣词。当然啦，或许大叔只是面恶，但心善。

"先生，不好意思。在马路上并排停车很容易发生危险，是否可以往前移动一下您的爱车？感谢。"

挺身而出，亲自示范，在孩子眼中是最动人的身影。

秘诀
116 **学习其他的弹性解决方法**

当孩子仍然执着于"叔叔，不能并排停车"这件事情时，在说与不说之间，其实还有其他的弹性解决空间。

我们可以让孩子知道，要解决问题，不见得一定要自己脱口向大叔说，而使自己陷入危险境地。其实只要拨打一通"110"电话专线检举，警察就会迅速派员处理，这也是一种正义感的风范展现。

教孩子转个弯，远离自我麻烦。迂回一下，也能抵达目的地。

问题二十二 【千万别乱说话】
过动儿太冲动又太直白？

"ADHD"，注意力缺陷多动症。也是我们一般俗称的过动儿。在我的儿童青少年心理专业咨询经历里，这是我最早接触与了解的一群可塑性很高的孩子。

面对这群在专注力、活动量及冲动行为上，自律与规范能力较为松动的孩子，爸妈和老师往往头痛不已。其实，孩子本身也很无奈，毕竟这一切也并非他自己所想所要的。

在与父母进行交流时，我常抛出这个问题："带孩子出门，你怕不怕？"

会这么问，主要在于想了解孩子的冲动行为，是不是已经让爸妈感受到了明显的压力。

除了乱碰东西之外，在不该说话的时候说话、说了不该说的话，都经常令爸妈烦恼。

"妈妈，新娘好漂亮耶！眼睛好圆、好大，还有双眼皮，而且她皮肤好白、好白哟！"喜宴会场外，阿廷指着新人的大型结婚照说。

"我以前的婚纱照也很美的，好不好？你这孩子真的很爱品头论足。陪妈妈吃个喜酒，真的不要乱说话。妈妈心脏不好，经不起你的惊吓。在婚宴场合里，吃就吃，看就看，千、万、别、乱、说、话。"

"妈妈，这边的本子上有三千六百，有四千八百，还有六千……啊！你的名字底下怎么只写二千四百？"阿廷大声问妈妈。

孩子话一脱口，让妈妈有一股想找地洞钻的冲动，赶紧随手再补上一千二百元，但心里忍不住抱怨："孩子啊，赚钱不容易，我当然知道二千四百元比别人少，但是这回妈妈带你出来，难免心惊胆战，食欲不好，更何况我和新娘阿姨又不熟，二千四百元刚刚好。"

"千、万、别、乱、说、话。"妈妈再一次耳提面命，虽然提醒的次数已经多到数不清。

"妈妈，我没有乱讲话，明明你就只有给二千四百元。"阿廷说。

妈妈心里嘀咕着："孩子啊，你说得也对啦，只是……被你这么一嚷嚷，在大家面前尴尬啊！唉，我就知道带你出来没好事。"

入场了，赶快远离礼金桌前的难堪场面，选个远端的角落坐，安全指数比较高，至少孩子乱讲话的辐射影响范围比较小。没想到才刚坐下，阿廷又开口了。

"妈妈，二千四百元其实也很多耶，吃这一餐会不会太贵啊？二千四百块，我们都可以吃好几次牛排了。"

妈妈再强调一次。"阿廷，我知道你很会精算，但我要提醒你，不是二千四百元，是三千六，我刚刚已经补了一千二百元。重点是，你、说、话、小、声、一、点！"

"妈妈，停电了！停电了！怎么变得黑漆漆的？好黑哟，我都看不到了。"阿廷大叫了起来。

妈妈赶紧说："你小声一点，是新郎和新娘准备进场了。这是营造气氛的，懂不懂？吃就吃，看就看，千、万、别、乱、说、话！"

"哇！妈妈，灯亮了！灯亮了！新郎、新娘出来了耶！哇！好梦幻！好热闹啊！妈妈，你怎么没有拿拉炮？'砰、砰、砰'，好刺激啊！妈妈，新娘走过来了耶！可是怎么和外面的新娘不一样？妈妈，这个新娘好丑……"

妈妈后悔了，真的不该带孩子出来。

拥有真诚与坦然的关系的秘诀指南

秘诀 117　小声提醒

在现场，不妨用这样的方式告诉孩子：

"妈妈要先向你说：孩子，你没说错。你说的内容大致与事实都吻合。妈妈送了二千四百元，所以人家礼金簿上写二千四百。没错，本子上，你看到的其他数字三千六百、四千八百、六千也都正确。但你有疑虑，可以小声提醒我。"

小声提醒，是彼此的期待。但出门前，请多多练习，让这个习惯变成常态。

秘诀 118 分享信息之间的差异

选个适当的情境，和孩子分享眼前所见差异，以及在表象之下所蕴含的其他信息。

例如："在妈妈的手机里，也下载了照片修图的 App。如果妈妈在照相后不进行美颜修饰，也不会把照片上传到脸书上啊！"

"爱美是人的天性，只要不修得太失真就不妨事。这和婚宴上，新郎、新娘期待合照能留下完美的印象一样，都是人之常情。"

秘诀 119 考量说话的情境

"妈妈，新娘好丑！"关于这句话，我只能说，每个人的审美观不尽相同，但请尊重孩子的判断。

至于这句话能不能说？说话是每个人的权利，当然可以。但是，说话也必须考量对方的感受，同时也必须对自己的说话内容负责。

社会化是孩子人生中的一段必经的学习路程。孩子需要学习的是：考量说话的情境，练习谨慎说话。

例如，让孩子练习轻声细语在妈妈的耳际悄悄说，让我们感受到他自我控制的进步。他也可以选择在回家的路上跟自己说，这也是一种控制随意想说话的冲动的方法。

但是，孩子必须提醒自己，别在公开场合大声说，维持对其他人应有的尊重。

秘诀 120　先对孩子说得悦耳动听

"千、万、别、乱、说、话！"这样的负向提醒没人爱听，而且效果也不大。

过动儿一定有切肤之痛——不断地被提醒、叮咛、纠正、指责、数落、批评、谩骂、揶揄、嘲讽。这几乎是 ADHD 孩子逃不掉的"宿命"。但我想，只要大人愿意调整，孩子将有机会远离这个"宿命"。

每个人多少都希望能够多听到一些悦耳的话。当 ADHD 孩子被赞美时，他们甚至可能会眼眶微湿地："开玩笑，你说的怎么可能是我！"

要让孩子说好话，我们就得先对孩子说好话。

好话、让人舒服的话、能够带来正向能量的话，多多益善。悦耳的话，人人爱听。让孩子知道，话不一定能说对，但话可以练习说得更好。

秘诀 121　一起练习"说话控制术"

"言多必失，多言必败。"这句老生常谈，我们应该都不陌生。虽然"话多"是 ADHD 孩子的基本特质之一，但如同行车安全要注意技巧一样，让我们也一起来练习"说话，请系安全带。适时刹车，请勿暴冲"。

想好，再说；先听，再说；多听，少说。

和孩子一起练习说话控制术，把想说的话先在脑海里沉淀一下，再开口说。

问题二十三 【给个意见吧】
实话实说，让人太难接受？

有时，虽然我们心里早就有了定见，但还是期待孩子给个意见。然而，当孩子抛回来的并不是我们要的答案时，往往会让人觉得心里不是滋味，很不舒服。

人真的很有意思。既然自己都有了答案，干吗还要再问？或许是想多一份别人的确认，好肯定自己的判断。

但是，孩子实话实说，你承受得了吗？

"大元，你看妈妈穿这一件洋装怎么样？很适合我吧？"妈妈优雅地拉着裙子转了两三圈，期待眼前这小子能够给个赞美之词，毕竟这件洋装可是自己昨晚精挑细选，拼命杀价买来的。"怎么样？看起来怎么样？你说说看嘛！"

"说实话吗？"大元问。

"嗯，不然呢？难道还要你欺骗我？拜托，青春期讲话语气都要这么酷吗？"妈妈说。

"那我要说……"大元说。

"卖什么关子，快说啦！"妈妈已迫不及待在等着答案。

"你的腰太粗了，不适合。"大元说完便掉头准备离开。

这简直就是晴天霹雳啊！

"等等，小子，别想走，什么叫'腰太粗'？"妈妈追问。

"这几个字你还听不懂？"大元回应。

"这么残忍的话，我当然听得懂！你好好说清楚，我也是有尊严的好不好，什么叫'腰太粗'？"妈妈号问道。

"真的要我说清楚？"大元反问道。

"对！说清楚！"妈妈心里嘀咕着：大元，我知道你现在正值青春期，说话很直接，但还是留一点口德，妈妈心脏不好啊！

"好，妈妈，你的腰围多少？"大元问。

"拜托，这是女人的秘密。"妈妈不想回答。

"没关系，你心知肚明。"大元说。

"我还心知肚明？"妈妈愣了一下。

"你这一件洋装属于休闲的吧？"大元说。

"你这小子还真识货。"妈妈高兴地说。

"算是宽松洋装吧？"大元又问。

"没错，多少可以掩饰一下我的……"

妈妈还没来得及讲完，就被大元打断了。"但这一件穿在你身上，我用目测的，就能看见你的腰。"

"大元，你说话非要这么直接吗？说得这么狠。"妈妈有种心在滴血的感觉。

大元仍旧直截了当地回应。"实话实说有什么不对？你不是常说做人要诚实吗？所以，我就诚实地告诉你腰、太、粗。妈妈，我比柜姐诚实多啦！"

拥有真诚与坦然的关系的秘诀指南

秘诀 122　听者的勇气，诚实的示范

秘诀 123　肯定正直，反映感受

秘诀 124　打破讨好的魔镜

秘诀 125　转个念，想法就改变

秘诀 126　关键在真诚

秘诀 122

听者的勇气，诚实的示范

当我们询问孩子对自己的看法时，心理上多少要先储备些勇气，以优雅的形象面对孩子可能会说出的不符合你期待的话。既然问了，就要有勇气接受各种答案。

我们多少会期待孩子能够美言几句，说些好话，"不然我干吗问"？你可能这么想。但是，既然选择问了，就要有雅量接受任何可能的回答，而不是只愿意听自己想要的那一个。

这是一种面对自我的示范。别忘了，当我们和孩子分享诚实的观念时，也正是一种面对自我的不断练习。所以请你优雅地示范给孩子看吧（深呼吸）："孩子，你就直接说吧！"

秘诀 123　肯定正直，反映感受

"忠言逆耳"这四个字，我们再熟悉不过，然而充满诚恳、正直的规劝，还是会让我们感到很刺耳、不舒服，也不爱听。但是，请你肯定孩子的诚恳与正直，因为这些美德现在已越来越少见了。

当然，你还是可以反映自己的感受。"孩子，'腰太粗'的意见虽有些让我错愕，但感谢你诚恳的反馈意见，让我再想想这件洋装是否适合。"

忠言逆耳或阿谀奉承，你想选择哪一个？你期待孩子怎么说？

秘诀 124　打破讨好的魔镜

爱听好话，这是人之常情，也是很自然的期待。但如果好话掺杂着不实的原料或添加物，听多了有碍身心健康，你是否还想继续听？

或许你心里有些挣扎，到底该肯定孩子能够忠于自我、实话实说，还是要他违背内心的本意，迁就他人或讨好奉承？

"魔镜啊魔镜，谁是世界上最美的女人？"假如换个立场，让自己成为魔镜，你会怎么说？

在魔镜面前，其实你心中早已有了答案。

秘诀 125　转个念，想法就改变

想法可以改变，却也很难改变。可是，若你愿意敞开心胸，练习调整，想法或许在不知不觉中就改变了。

　　"你的腰太粗了，不适合。"

　　当孩子脱口说了这句话时，你不妨转个念，这么想：

　　"嗯，果然是母子，关系够亲密，说话不需要拐弯抹角。"

　　"这孩子对身材与服装的搭配，还真的有他的一套看法和见解。"

　　"问我腰围多少，果然实事求是，让证据说话。"

　　"这个孩子够诚实，知道自己该说什么话。"

　　转个念，会不会觉得眼前这个孩子可爱多了？

　　转个念，新的想法将呼之欲出。

**秘诀
126　关键在真诚**

　　请问你要听哪一种话？

　　好话？

　　实话？

　　想听的话？

　　想说的话？

　　说话的确是一种艺术，这牵涉到"说"与"听"双方的真切感受；表达了，听到了，理解或误解，来来回回。通过这次的"洋装经验"，或许能让彼此学习话该怎么说、话可以如何听。但是，请将关键锁定在"真诚"上。

　　说话的人自认为真实而诚恳，但听的人是否感受到了呢？亲子之间，可以先确认彼此的"真诚"频道是否接近、吻合。

　　接着，让孩子觉察自己是说了"好话"还是"实话"。当然，如果可以"好话加实话"，那就更漂亮了。

同样地，让孩子了解，这是自己想说、忠于自己的话吗？还是因为形势所逼，只好违反自己的心意，讲出对方想听的话？而对于听的人来说，他是想听孩子说"实话"？还是自己期待的"好话"？

真诚对话，可以让亲子关系更加和谐。

问题二十四 【明明就是你】 手足争执，该介入吗？

对于有两个以上小孩的家庭来说，吵架，几乎是一门必修课。爸妈通常不喜欢小孩太吵，但如果孩子爱争执，特别是两人老是在那几句话上转轱辘，做爸妈的大概都会按捺不住，索性直接介入纷争。

只不过，这种想"赶快解决"的态度，往往让我们忽略了当中可能存在的关键议题：孩子犯了错，却拒绝承认。

"你明明就有！"

"我没有！"

姐姐后面这一句，明显比弟弟大声。

"你明明就有！""我没有！""你明明就有！""我没有！"

姐弟两人像拔河般考验着谁撑得久。

"明明就是你把我的玩具弄坏的！""我没有！""明明就是！""我没有！""明明就是你！""我没有！"……

姐弟俩都很坚持自己的看法。当然可以确定玩具不会自行解体。所以，有人没说实话。

　　"明明就是你！""我没有！""你说谎！""我没有！""你明明就有！""我没有！"……

　　通常，在这种循环似的绕来绕去不断吵架的情况下，一旁的父母大都已经摩拳擦掌，准备伺机而动。

　　"我明明就没有！"

　　"才怪！"

　　换姐姐反攻了。"是你自己把玩具弄坏的。"

　　"才怪！"

　　"爱哭鬼，玩具自己弄坏掉还在哭。"眼看着弟弟的眼泪快要流下来了，姐姐笑他。

　　"才怪！"真性情的弟弟，眼泪真的滴下来了。

　　"明明就爱哭，还不承认。"姐姐说。

　　"我没有！"

　　姐姐明显让话题转了向。"哭就哭，还说没有。"

　　"我没有！我没有！我没有！"

　　"不然你在流什么泪？"姐姐故意问。

　　"我没有！"

　　"你明明就有哭！""我没有！""你说谎！""我没有！""你明明就有！""我没有！"

　　姐弟的争执像循环一样，不断绕来绕去。

　　一旁的妈妈真的受不了这种没完没了的争执，吵得她最后终于不得不被逼下场了。

　　妈妈问："到底是谁在说谎？"

　　"是他！"

"是她！"

姐弟俩在同一时间都指向对方。

妈妈又问："我再问一次，到底是谁在说谎？"

"明明就是她！"

"明明就是他！"

姐弟俩的手臂伸得更直，彼此快连成一条线了。

妈妈再问："到底是谁在说谎？"

"是他！"

"是她！"

妈妈厉声说："明明就是有人在说谎！"

"我没有！"这回，姐弟同时发声。

"明明就有！""我没有！""明明就有！""我没有！""明明
就有！""我没有！""你们明明就有！""我们没有！"……

妈妈突然有一种感觉，自己的介入似乎是帮倒忙，让局势更混乱了。

拥有真诚与坦然的关系的秘诀指南

秘诀 127 智取的问句："谁说实话？"

秘诀 128 一对一，洗耳恭听

秘诀 129 具体而明确地说清楚

秘诀 130 揭穿的问句："你在做什么？"

秘诀 131 中场休息，中止争执循环

秘诀 132 让孩子们学习共同解决

秘诀
127
智取的问句："谁说实话？"

"是谁在说谎？"

"妈妈，是我啦！"

这种问答的方式，你别期待，因为概率实在是太低了。

我们总是很天真地认为，多问几次，答案就会出来了啊！于是你开口问："是谁在说谎？"甚至连下一句都想好了，"你为什么说谎？"

很抱歉，这往往行不通。开门见山地质问孩子是否说谎，反而很容易让他把诚信藏回心里。

当孩子犯了错时，劈头质问"是谁在说谎"；没问还好，一问之下，却很容易让当事人感受到威胁，再龟缩回他的洞里。

"是谁在说谎？"这种句型，请先别用。

当你发现孩子死不承认，打起了持久战（以时间换取胜利）、消耗战（以体力换取胜利）时，那么你就得试着以脑力换取胜利。若想智取，情绪会碍事。

翻转一下，如果反其道而行，问孩子："谁说实话？"或许会引来他们相互抢着回："是我！""是我！"这时，你可以聪明地继续问下去："好，那谁先说？你自己说了什么实话？"让孩子说出自己的话，而不是反驳对方的话。

秘诀
128
一对一，洗耳恭听

当手足争执，局势混乱且态势未明时，爸妈请勿再来添乱。

多听听孩子怎么说，先不批判，不添油加醋，免得招惹孩子情绪上的顽固对抗。

父母可以"一对一"，分别听孩子们说。在对方不在场的情况下，多少可以避免形成争执循环。

再次提醒你，先让孩子说自己做了什么，而不是急着告状别人做了什么。

秘诀 129　具体而明确地说清楚

再来，让孩子把所见的事物，具体地说出来。

"你明明就有！"有什么？

"明明就是你！"是什么？

试着让孩子具体地说出人、事、时、地、物，说得越清楚越好。这就像证人的具体陈述，很重要。

秘诀 130　揭穿的问句："你在做什么？"

"我没有！"这句话很好用，只要对方有所质疑，一句"我没有"像跳针一样反复地说，多少能挡住对方的质问。

好吧，既然"我没有"的否认招式太好用了，不妨试着改问："你在做什么？""刚刚弟弟在玩玩具的时候，你在做什么？"

孩子需要感受到，编谎、胡说可是很伤脑筋的一件事。

秘诀 131 中场休息，中止争执循环

手足之间的争执，很容易出现像"鬼打墙"般的循环，尤其是其中一个年纪太小，无法清楚地表达，只能反驳："你明明就有！"而另一个年长些的则是鬼灵精，懂得如何技术性犯规，先来个"我没有"的反复阻挡，再来个大回转，用对方的话复制反问："明明就爱哭，还不承认？"让情势反转，而引出弟弟说了"我没有"！换姐姐胜出！

当手足对话像个循环般地转轱辘时，爸妈千万别跟着瞎起哄，加入战局问："到底是谁在说谎？"

你需要做的是，让循环暂时停止。

中场休息，让双方各自离开。挑个好时机，择期再处理。

秘诀 132 让孩子们学习共同解决

虽然聆听孩子的投诉，多少有助于澄清事实，但面对手足争辩，一方指责、一方不承认，这时，爸妈的重点并不是要扮演法官的角色来决定谁对谁错，该如何处罚。

关键在于让孩子学习如何解决问题，另外对于犯错的当事人，如何学习面对自我，及承担责任——诚实地对待自己。就像看着镜子里的自己，思考不愿面对的自己。

你可以试着把问题抛回给孩子们，让他们自己去想办法化解刚刚的纷争。

问题二十五 【报喜不报忧】
隐瞒考试成绩，也是欺骗？

"该说丹丹这孩子贴心吗？每次考试回来，成绩都报喜不报忧。像最近这一次月考，数学考了九十七分，一回到家，马上开开心心递上考卷，得意得不得了。社会和自然也一样，拿了九十五分和九十八分，活像拿起大字报秀给我看。但他对英文和语文的分数却闷不吭声，好像这回没考一样。"秀雯对姐姐秀芳抱怨。

"孩子这么做很自然吧！如果丹丹一回到家，马上拿出不及格的成绩秀给你看，我可以想象你的反应——瞠目结舌，不是吗？"秀芳说。

"话是这么说没错。但是报喜不报忧，不也说明了丹丹还不能面对自己的错误吗？"秀雯说。

秀芳听了，反问："自己的错误？所以你认为考不好是一种错？"

"也不是说错不错啦！但多少表示了他没用心在考试上。孩子不是该对自己的考试负责吗？"秀雯说。

"说不定丹丹对于考不理想这件事，一时还没想到该如何跟你说吧。或者就像你刚刚说的，孩子很贴心的，报喜是想让你开心。"秀芳劝妹妹。

"但不报忧，这也是一种欺瞒吧？"秀雯语带担忧。

"或者说，丹丹对于自己的信心不足吧。"秀芳说。

秀雯烦恼地说："但他终究得面对的，不是吗？每回只要我问到语文考卷、英语成绩，他不是回答'在学校'、'还没发'，就是'我不知道'。老是拖到要家长签名时，才勉为其难地拿出考卷来。"

秀芳试着开导妹妹。"换个角度想，丹丹报喜不报忧，或许也是希望自己在你们的心目中，是个表现好的乖小孩吧。"

"唉，我说大姐，你这个做阿姨的未免太袒护外甥了吧？怎么净是说他好话呢？"秀雯说。

"拜托，我的小妹，看待事情总是有很多面的吧。像你结婚这几年，其实也并不好过，但是你对爸妈还不是报喜不报忧，怕他们老人家担心太多，不是吗？你也是出于善意啊！"秀芳笑着说。

"话是这么说没错，可是……"秀雯还是觉得很纠结。

"可是什么？先不要急着下定论嘛！毕竟孩子在学习面对自己的过程中，终究也需要一些经验的积累。更何况，我们大人不也一样？先接受他想要和你分享的喜悦吧！至于他对不尽理想的那些科目，还有生活中的其他事选择报喜不报忧，或许也是在传达着其他的一些信息。"秀芳开解道。

"什么信息？"秀雯好奇地问。

"我想，是期待你们更了解、更接纳彼此的信息吧！"秀芳语重心长地叹道。

拥有真诚与坦然的关系的秘诀指南

秘诀 133　思考报喜的原因

我们不妨先静下来思考孩子选择"报喜"的原因。

首先，爸妈爱听，听了会有好心情；当父母开心，孩子也开心。

其次，报喜能够转移爸妈的注意力。看见孩子的好成绩，当然也让你继续感到开心。

再次，报喜也能改变你对孩子的印象。这就像是洗脑，用好事来洗出你对孩子的好印象。

最后，通过报喜，孩子当然也比较容易获得好礼。

秘诀 134　同理报忧的感受

孩子选择不报忧的原因，我们多少可以猜得到，其实他很了解你以及你们彼此的关系。

报忧，特别是报上不好的考试成绩，对某些孩子来说是"倒大霉"了。这一点孩子不可能不会看清。

报忧？父母铁定不开心，也铁定会坏了自己的心情。

报忧？大概可以预料许多活动和娱乐会被爸妈取消。

报忧？后果自己可能承担不起。

报忧？孩子可不想和自己的"福利"过不去。

所以，孩子为什么要报忧呢？

当我们能够同理这些，对孩子选择不报忧的反应，或许就能够感同身受。

秘诀 135 化解悬而未决的困扰

在这里，让我们先来思考"忧"的事。

以功课为例，你的不开心暗示着这个成绩只能隐藏起来，见不得光。或许有些孩子不报忧，但会尽快赶工、加强训练，把你要的成绩进度赶上，这样的孩子自律还算好。可惜的是，把功课晾在一边，悬而未决的孩子占据多数。

概念未解决，能力没提升，成绩也别想有所起色。在如此的恶性循环下，"忧"的事会越堆越多，谎言也只好越圆越多。

不报忧，悬而未决的事只会越来越多。因此，我们要厘清孩子不报忧的核心问题，让悬而未决的困扰，能够适时获得解决。

秘诀
136　**别只在乎成绩**

孩子对成绩报喜不报忧，也提醒了你，"成绩"这件事情是你所在乎的。

在乎不是坏事，但要留意我们是否只关注这件事情的表面，例如只论成绩分数，其他的不在乎。然而，那些"其他"的事其实也是重要的事，例如孩子的学习动机、专注力、理解或阅读能力、逻辑思考或认知概念能力等。

当然，在乎，也要表现得合情合理。

对于父母来说，孩子的分数当然越高越好。但如果我们把分数拉到孩子遥不可及的高度，让孩子望尘莫及，分数就像天上的繁星，无法努力伸手采摘，他当然就很容易选择放弃，产生学习无助感，或干脆置之不理。

虽然孩子报喜不报忧，但日子总要好好过。我们得自我觉察：是否只爱喜鹊，不爱乌鸦？

秘诀
137　**让孩子有报忧的勇气**

当孩子开口"报忧"，他需要一些面对未知的勇敢。这一点，就要看父母如何让孩子安心了。从未知到已知，至少要让孩子可以预期爸妈的反应。坏消息要说出口，但爸妈的情绪也要不暴走。

让孩子感受，在深呼吸之后，将问题呈现在父母的眼前，可以换来心里一阵自在、舒畅。这种可以说出口的感觉，真是清凉畅快啊！

让孩子了解，勇于面对自己，能让自己感到更有力量。这不只是说说而已，而是需要爸妈的贴心支持。

激励孩子跳出桎梏，正视和勇于面对自己的不足、不会或不能，进而面对眼前的问题，通过亲子共同的智慧来解决，例如特定的课业表现是否需要补习加强。

问题二十六 【钱又不是我偷的】
沉默也是一种抗议？

　　没有人喜欢被质疑。如果是我无端地被质疑，这个经历会变成一个埋藏在我心中的大地雷；一旦有人误踩了，就会在我的内心引起巨大的情绪反弹。

　　然而，在亲子咨询的过程中，我常发现，父母往往不觉得对孩子行为的质疑是什么大不了的事。误会了，顶多说声"抱歉"了事，却忽略了大人的轻视态度，将会在孩子的内心留下疙瘩或阴影。

　　"是谁拿走了我上衣口袋里的钱？"爸爸带着怒气大吼。

　　现场一片寂静，姐弟俩四目对望、不发一语。

　　"是谁拿了爸爸的钱？赶快承认，别让爸爸不开心。"妈妈扫视着姐弟俩，暗示他们其中一个人赶紧承认这件事。否则丈夫发怒了，最后倒霉的还是她。

　　"我再问一次，是、谁、拿、走、了、我、上、衣、口、袋、里、的、钱？"

　　糟糕，每当爸爸放慢速度，一个字、一个字地清楚说出，往往也宣告着山雨欲来——大家准备遭殃了。

姐弟俩像串通好了对招似的，很有默契地继续保持缄默。经验值告诉他们：面对风暴，保持沉默就对了。

"你们两个怎么搞的？谁拿的就承认。闷不吭声的在干吗？别惹得你爸爸生气。"这回妈妈也急了。

"很好，没有人承认是不是？别怪我威胁你们，待会如果让我发现是谁把口袋里的钱拿走的，后果就自行负责！"爸爸说这句话时带着狠劲。

妈妈紧张地问："姐姐，是不是你拿的？"

姐姐心想：拜托，怎么可能是我？这太夸张了吧！

见女儿不回答，妈妈又问儿子："弟弟，还是你拿的？"

弟弟不解地说："妈，别乱栽赃好不好？为什么认为是我？"

妈妈接着说："奇怪耶，你们怎么还是不承认。"

这句话让姐弟俩觉得莫名其妙——我们又没拿，是要我们承认什么？

姐弟俩的继续沉默，让爸爸的话越说越重，妈妈的话也越说越急。

"是谁拿的就赶快承认，有没有听到？"妈妈苦口婆心地劝说。

"真的没有人要说实话？"爸爸已经按捺不住了。

"哎呀，到底要我说什么？钱不见了关我什么事？"姐姐有些委屈地想着。

"拜托，我拿那些钱干吗？又不是吃饱没事做，自找麻烦。"弟弟心中也嘀咕着。

"我再问一次，是、谁、拿、走、了、我、上、衣、口、袋、里、的、钱？"

"天啊！你们不要让爸爸再说一次了啦！我已经快招架不住了。"

眼见姐弟俩始终闭口不答，丈夫心中那把火怒不可遏，妈妈不安地紧闭上眼睛。

现场一片肃杀之气，令人感到有些难以呼吸。

就在这时，爸爸把手伸进西装裤的口袋，竟然发现……

拥有真诚与坦然的关系的秘诀指南

秘诀 138　　沉默的力量，不容忽视

秘诀 139　　据理力争的语病

秘诀 140　　有多少证据，说多少话

秘诀 141　　加码威胁，无效

秘诀 142　　看见孩子"问心无愧"的坚定

秘诀 143　　别让情绪上火线

秘诀 138　沉默的力量，不容忽视

你有没有想过，为什么孩子选择沉默以对？

或许你认为：不是常常有孩子做了不承认，保持沉默吗？

的确有些孩子做错了事却不说。但是也有另一种情况：面对大人的无理取闹（请容许我使用这个词，因为我们的确常搞不清楚状况就发飙），对有些孩子来说，最好的应对方式便是干脆选择沉默。

孩子这么做，倒不是要"在我的律师抵达之前，保持法律缄默权"，而是以沉默作为一种无声的抗议，这是消极对抗的方法之一，而且通常有效。这么做，往往让你说不下去，他也不需要耗费口舌向你辩解。

沉默是一种无言的抗议，请别轻忽。

秘诀 139　据理力争的语病

不分青红皂白，脱口就怀疑，这样的处理方式往往少了深思熟虑。这就像要孩子承认"人是我杀的"一样荒谬。

或许你心里在想：如果钱不是你拿的，那就应该据理力争，说出自己的想法。怎能一句话都不说，而让爸妈认为是做贼心虚？

稍等一下，上面这段话有语病！

照理说，举证责任应该在原告。哪有让被告自己提出证据证明自己没做的道理？

秘诀 140　有多少证据，说多少话

钱不见了，为什么就认定是孩子拿的？虽然还没用"偷"这个字，但有多少证据，说多少话，这是最基本的游戏规则。

让证据说话，否则父母没有办法说服孩子。同样地，无凭无据地想要孩子对号入座，很抱歉，他自然得捍卫自己不被栽赃、抹黑和诬陷的权利。

请提醒自己：要说服孩子，请用证据，别耍口气。

秘诀 141　加码威胁，无效

有时，我们可能忽略了孩子沉默抗议的能量。

孩子不一定都会歇斯底里，暴跳如雷。有时，沉默也会让父母无法招架。你可能心想这到底是哪招？竟然不说话，就是不说话！

于是，让威胁加码、加码，再加码，成了爸妈经常使用的必杀技。但用多了也可能让孩子看破——原来我的爸妈仅会这一招：口头威胁。

威胁的方法，有时只会让孩子摇头叹息。如果威胁有效，就不会有以上的状况了。更何况，钱，孩子可没拿。

秘诀 142　看见孩子"问心无愧"的坚定

事实只有一个，就看每个人如何诠释。无论你再怎样怀疑、发怒或威胁，当孩子问心无愧，心中自然平静如水。

要达到这种境界，是需要一些功力的。

沉默或懒得理你，也许是孩子在当下最好的招式。虽山雨欲来，但仍不动如山。这种态势就如高山一般坚定。

而我们，是否探知到了孩子那股坚定的问心无愧，以及不随无理之事起舞的态度？

秘诀 143　别让情绪上火线

易怒的情绪就像提油灭火，只会误事、碍事加惹事。所以父母要控制好自己的情绪。

你觉得说话大声的人就赢了吗？很抱歉，在这一场亲子赛局当中，沉默的这一队似乎略胜一筹。气急容易败坏，情急之下，更会让自己乱了分寸。

没错，遗失的钱是要找回来。但究竟有没有遗失还不知道呢！说不定，钱还在。

少安毋躁，冷静以对，钱的下落或许就容易浮上台面；或者，也可能还在其他口袋里面。

面对火线任务，请勿让情绪披战袍上场。

问题二十七 【不知道和没看见】 全班没人要承认，怎么办？

在初高中的教室里，面对眼前青春期的孩子，讲台上的老师常备感压力外加无力。除了学生们上课懒散或闹成一团外，还有呛声的对立反抗状况，更有甚者还有不把老师的话当回事儿的。

你急，他们不急。你在意，他们却随意。

类似的情况一再发生，就像一股慢性压力，逐渐熄灭了老师的教学热情，令人疲惫不堪。

上课铃声响起，吴老师走进教室，正准备开始上课，却发现讲桌上被水弄湿了一大片，英语教材全都湿了。他抬起头问："是谁把水倒在我的讲桌上的？"

无人回应。全班一片死寂。

"我再问一次，到底是谁把水倒在我的讲桌上的？"吴老师更大声地问。

学生们左顾右盼，窃窃私语或嬉笑着，完全不把老师的话当一回事儿。

"好，很好，竟然没有人要承认？今天的值日生是谁？"吴老师问。

"你啦！死胖子，发什么呆？"阿辉一掌朝前座的敏雄后脑勺拍了下去。

"好，那我就从敏雄开始问。我就不相信没有人要承认。"吴老师问，"敏雄，是谁把水倒在桌上的？"

敏雄猛摇着头说："不是我！"

"我没有说是你！"吴老师又问，"启华，是谁把水倒在桌上的？"

启华回答："我不知道！"

"难道我知道？"吴老师更气了，"小凤，是谁把水倒在桌上的？"

小凤一派轻松地回应："没看见！"

"当真？"吴老师不大相信，"阿辉，是谁把水倒在桌上的？"

阿辉有点不耐烦地说："问我？我问谁啊！"

"你的态度很不好哟！"吴老师继续问，"夏禾，是谁把水倒在桌上的？"

夏禾说："老师，你的问题能不能再问一遍？"

"为什么都要我讲很多遍？你今天专注力的药到底吃了没？"吴老师接着问，"文翔，是谁把水倒在桌上的？"

文翔故意闭着眼睛说："我有看见吗？我有看见吗？"

"别在那儿闭着眼睛，装模作样！"

说真的，他已经问不下去了，他知道自己再怎么问"是谁"，一定也不会有结果。但是他可以肯定讲桌上的水，一定是班上某个同学刚刚倒在上面的，而且一定有其他人看见。因为他才离开教室一小会儿，当时，桌面仍然是干的。

"我到底该不该继续追究这件事？"老师心里纳闷儿着。因为这样问下去，除了最后没有答案外，这堂英语课大概也别想有进度了。

"倒水的人敢做不敢当吗？"吴老师使出激将法，心想这应该是青春期孩子最敏感的事。令他感到失望的是，台下仍然窃窃私语、嬉嬉笑笑的，大家似乎在看笑话。

"为什么班上没有同学愿意承认，或表示有看见是谁倒的水？集体否认？全班冷漠？大家不以为意？为什么这个班就这么难坦诚？"老师心中浮现出许多疑惑。

拥有真诚与坦然的关系的秘诀指南

秘诀 144　先将质疑摆一边

秘诀 145　别被孩子操控在手中

秘诀 146　青少年的面子，请细心呵护

秘诀 147　集体冷漠背后的意义

秘诀 148　运用智能型应变

秘诀 144　先将质疑摆一边

在班级管理上令老师尴尬的地方，往往是一个问题抛出去之后，却像泼出去的水，一去不复回。没人买你的账，没人关注眼前这个问题。对青少年来说，他们甚至可能会认为："拜托，这哪儿是个问题啊？"

诚实是一种美德，这一点毋庸置疑。然而，公开地直接逐一询问孩子，期待他坦承，这种做法却值得商榷。

当你当众质疑青少年，特别是把每个人都视为嫌疑人时，这一点是无法让很多孩子释怀的。用通俗话来说，就是不爽，很不爽。甚至会招来讥讽："拜托，有没有搞错？事情都还没弄清楚就在那怀疑什么！"

你一个一个地质问，然而每问一次，同学们就敷衍你一次。这时，你在这群青少年心中的影响力也降低了一格，一直降到零为止。

所以，当集体失声的状况发生时，先将质疑摆一边吧！

秘诀 145 别被孩子操控在手中

孩子明知故犯，刻意把讲桌弄湿，其实多少期待着能激起你懊恼、不知所措、生气或烦躁的反应。只要你表现出他们所预期的反应，他们就开心不已。这也是一种社会性的掌控：虽然没有把握英文考九十分，但却有把握让老师的英文课少上十五分钟或半小时，甚至整堂课四十五分钟都让你没进度。

别让自己成为布袋戏偶，被孩子操控在手中。

秘诀 146 青少年的面子，请细心呵护

在一些青少年的观念里，互相尊重是很重要的。你（老师）给我面子，我也会给你（老师）面子。因此，若老师处理事情时采取"全班公开"的模式，"是谁把水倒在桌上的"这句话就不用问了，因为还没问出答案，就可以知道你已经输了。

为什么这么肯定？请提醒自己，青少年对同辈反应的在意程度，是远远超过对成年人的。

青少年的面子，如同敏感性肌肤，请细心呵护。

秘诀 147 集体冷漠背后的意义

你可能有个疑问：在团体中，为何大家对于犯错或恶作剧的人都视若无睹，摆出一副事不关己的无所谓态度和集体冷漠？

关于这个疑问，以老师的立场需要考量的是：若班上有人打破沉默，坦诚地回答了你的问题，那么他的诚实会给他带来怎样残酷的后果或灾难呢？

可以预想，在公开场合，谁敢出卖对方，把当事人揪出来？除非他真的不想在这个班上再待下去。

这一点并不是危言耸听，而是在现实校园里反复上演过的。当班上处于集体否认或沉默氛围中，我们却期待有一个人愿意站出来，你可知道这需要多大的勇气？谁愿意变成全班公敌？

要让孩子在人群中挺身而出，这件事容易说，但不容易做。所以请思考集体冷漠所传递出来的潜在信息。

秘诀 148 运用智能型应变

我们经常使用智能手机，但同时是否也让自己变得更有智慧？面对各种状况的发生，考验着老师的智慧与应变能力。面对眼前的问题，何不先轻松面对？

你可以顺势询问："敏雄，请问'桌子弄湿了'的英文怎么讲？"直接上起英文课，同时留意底下同学窃窃私语的反应，比如"夏禾，都是你害的啦"！

或者，当你微笑地说："值日生帮个忙，把讲桌擦一下。"这时可以仔细观察班上同学的反应。青少年总是沉不住气，容易露馅的。"夏禾，你过来擦啦！还不都是你，走路不带眼睛撞什么讲桌，过来帮忙啦！"

在不知不觉中，顺水推舟地让同学自己引出当事人。

诚实第 **5** 部
拉近信任与接纳的距离

问题二十八 【破除自责迷思】
我的孩子怎么会说谎？

要承认自己的孩子会说谎，需要一点勇气。

自责一点的，会觉得是因为自己家教没做好，才让孩子变了样。有时，与其说不承认孩子会说谎，倒不如说是害怕面对别人对自己的看法。

没人期待孩子开口说谎。但假如深信"我的孩子绝不会说谎"，那这样的信念确实是该被松动的。"绝不"两个字，用得难免太武断了。

"开玩笑，我的孩子怎么会说谎？除非太阳从西边升起，别闹了。'诚实'两个字，在我们家里可以说是祖传家训了。"

"我的孩子从小就被教导做人要诚实！我要强调，从小我们就开始教了，是很积极、很认真地教的。"

"我们做父母的以身作则，孩子长期耳濡目染，学习到的当然是好品性。说谎？不可能的啦！"

"我们给孩子'充分'的爱。所以你想想，孩子干吗对我们说谎？没必要，不是吗？被关爱的孩子，是不需要说谎的。"

"你一定要相信自己的孩子，相信他所说的每一句话。如果你对他的话都抱持以疑，他的内心是会受伤的。现在很多孩子都不太对父母开口，我想就是对父母的信任不够。所以，我的孩子怎么会说谎呢？"

⋯⋯⋯⋯⋯

我想，一定有父母就像前面所写的那样，深信自己孩子的诚实不会被动摇。全然的信任值得肯定，但是我要问："你的孩子总该会犯错吧？"

"嗯⋯⋯犯错是会啦！但这和说谎能扯上什么关系？"

你可以想象，有的孩子担心被责骂或受处罚，为了回避多少会想办法说谎。这不是很自然的反应吗？

"你的孩子难免会想讨好你吧？"

"没错，孩子嘴巴很甜，也很贴心，有时候赞美到都不像是在说我耶！"

所以，孩子有没有可能用修饰、添加、隐瞒或夸大，来让你开心？

"你对孩子的期待应该也很高吧？"

"哪个父母对孩子不期待的？"

重点就如你所说的，哪个父母不期待自己的孩子？但是否孩子平时的表现都能符合父母的标准，都不会让你失望？想想看，在美国职棒大联盟打球，挥棒也没有都那么准啊！哪有每一球都打得到的道理！失望，在所难免吧？

当然没有父母会期待自己的孩子说谎。不过重点在于，我们该如何看待孩子说谎这件事。

拉近信任与接纳的距离的秘诀指南

秘诀 149　说谎很自然，但不该理所当然

秘诀 150　使用责骂，请限量

秘诀 151　讨好父母的谎言

秘诀 152　微笑调整你的期待

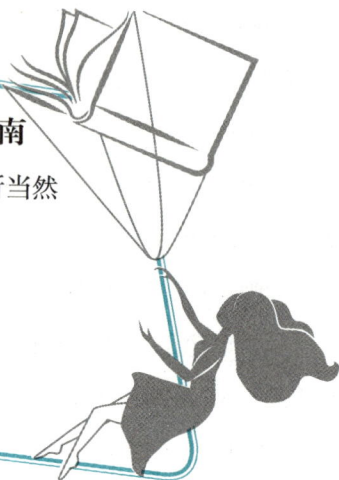

秘诀 149　说谎很自然，但不该理所当然

"被关爱的孩子，是不需要说谎的。"这句话在某个层面上算成立。例如，假如孩子的情感需求充分获得满足，就不需要再透过说谎的方式来获取关爱，因为父母现在已经采用自动化给予，质量足够。

但是，亲子关系的互动，终究包含许多方面。

当自己做错了事，实话实说或虚实交错，哪个可以换来好结果，在孩子的想法里往往是试了再说。有时讨好爸妈，主动出击，化险为夷；有时编个谎、圆个谎，满足爸妈的期待，彼此多少无伤害。

孩子竟然说谎，这一点确实踩到了父母期待诚实的痛点。如果孩子说谎，会让你感觉惊讶，那保持"我的孩子怎么会说谎"的想法，更会让人惊讶。

说谎，很自然。但说谎，不该理所当然。

秘诀 150 使用责骂，请限量

孩子做错了事的时候，我们总想骂一骂，且觉得这些责骂很是理所当然。至于骂是否有作用，是否可以让孩子勇于改变，是否有效，这就再说了。

但是，当孩子这次挨了骂，下回他会怎么做？这是我们必须认真思考的事。你可能会想："难道孩子犯错了，我们不该生气吗？"

生气很自然，只是冷静下来想想，除了伤身、宣泄情绪外，生气还有什么作用？

更何况，如果你用生气换来了孩子的说谎，那就更是得不偿失。

孩子当然不喜欢被骂，也会想尽办法逃避被骂，但不表示他就会改。因此，最快速的止痛方式，就是服用"说谎"这粒速药，马上见效！作用：远离责骂，逃避责任。副作用：信任递减，被识破，后果不堪设想。

对孩子责骂得越多，他离诚实就会越远。所以请限量使用责骂。

秘诀 151 讨好父母的谎言

有道是好话人人爱听，听了多少能换来好心情。编个谎让父母开心，这是否也算好事一桩？这样的谎，多么悦耳动听。这样的谎，你是否爱听？这样的谎，你是否哪怕知情也不想让孩子暂停？

以谎言讨好父母，背后的理由人各不同。

当父母被孩子灌了"迷汤"，或许原本即将火冒三丈的怒气消了；或许在"龙心大悦"的情况下，孩子获得的赏赐更多了；或许美言几句，就能掩饰错误，责任也就免除了。也或许，在善意的谎言下，亲子关系变得更甜美了。

美丽的谎言，圆得像泡泡，让人愉悦。你舍得戳破吗？

秘诀
152 ## 微笑调整你的期待

你是否常流露出对孩子的表现感到失望的神情？

当你沉浸在失望的情绪中，是否注意到了孩子失落的眼神？

孩子都希望能够满足父母的重视和期待，无论这个期待合不合理，无论自己是否有能力达到。孩子可能很努力，但速度不一定快，而且还不见得能够达到目标。

若孩子是为了变成你心中的好榜样而编织谎言，这样你还生气吗？

身为父母，请衡量自己对于孩子的期待值是否过高了。

否则，谎言将成为孩子获得父母肯定的最便捷、最自助、最省时的方式，只要平时能够练就脸不红、气不喘，心跳加速不要太快即可。虽然，他也挺无奈的。

回头想想，既然不希望孩子说谎，那么爸妈就先改变自己吧！

试着重新调整对待孩子的方式，笑容多一点，多一些眼神关注，对他的满意度高一点，对他的期待也调整得合理一些。

当你能整体表现出对孩子的肯定，孩子自然就不需要再为此而说谎了。

问题二十九　【抛去不合理的期待】
我的孩子竟然说谎了？

　　我常注意身旁的爸妈们对孩子说谎产生的反应。这些反应的差异，往往和爸妈自己的过往经验、价值观，及对孩子行为与态度的期待有所关联。

　　"我的孩子竟然会说谎？"在这句话中，"竟然"两个字很有意思，多少意味着，过去我们并不认为说谎行为会发生在自己的孩子身上。

　　"竟然"二字，就像在父母心里投入了深水炸弹，令人被炸得措手不及。

　　"天哪！我的孩子竟然会说谎？这怎么了得！怎么了得！"

　　你如同遇到晴天霹雳，万般无法接受。

　　"不可能！不可能！不可能！我家小孩怎么可能会说谎！"

　　与其说不可能，倒不如说，你真的无法接受。

　　"小小年纪就说谎，那长大还得了？一定得改，一定得改。"你来回踱步着，口中念念有词，"怎么会这样？怎么会这样？我可是彻底做好了言传身教，绝不说谎的啊。不行！做人一定得诚实。不要说偶尔说谎，在我的世界里，一、次、都、不、行！更何况，我哪知道这是第几次说谎？天哪！亏我如此信任他。孩子啊！你怎么可以如此对我？不要说我有道德上的洁癖，我就是容不下小孩说谎。毕竟一回生、二回熟、三回……天哪！我连想都不敢想！"你双手抱着头，使劲地想把这"恐怖"的念头压下去。

"怎么办？怎么办？怎么办？"你急如热锅上的蚂蚁，"想办法、想办法、想办法，我一定得要好好想个办法。"

终于，你深深吸了一口气，点了点头，握紧拳头，口中喃喃自语："嗯，我一定要让孩子远、离、说、谎！诚实是天经地义的事，毋庸置疑。"

拉近信任与接纳的距离的秘诀指南

秘诀 153 　别再要求孩子完美无瑕

秘诀 154 　提防负向思考的牵制

秘诀 155 　换个角度想："孩子，你为什么不说谎？"

秘诀 156 　降低说谎的成分比例

秘诀 157 　诚实面对自我

秘诀 153　别再要求孩子完美无瑕

父母总期待孩子的品格与行为表现能晶莹剔透，完美无瑕。我想，这样的期待在电视广告上听听可以，但实际生活中却很难如愿。毕竟孩子的成长是不断尝试错误的过程，有了错的经验，才会明白什么是对；说了谎，才会慢慢了解诚实如何让心情美好。

请将这种如同过期化妆品的不合理想法抛弃吧！

但是，这个晶莹剔透、完美无瑕的想法存在心里很久了，就像梳妆台前的化妆品放了那么久，哪有那么容易说丢就丢？要重新调整认知，改变想法，的确不容易。不过请再次思考：期待孩子的诚信晶莹剔透、完美无瑕，这样合理吗？

过期了，就抛弃吧！这样的想法，请别套在孩子身上。

秘诀 154　提防负向思考的牵制

说谎行为一定是破坏孩子品格的洪水猛兽吗？倒也不尽然。但如果我们不能静下心来好好面对，的确难免视说谎为祸害，把它当作妖魔般厌恶与排斥，欲去之而后快。

想象一下，在你的认知中，孩子是一张纯白无瑕的纸，但突然有一天，你发现纸张的色泽不对，还有一些污垢！这时，我可以想象你那无法接受的惊讶表情，也知道你想要把这张纸漂白、再漂白，漂白、再漂白……无尽的循环。

突然发现孩子说谎时感到讶异，甚至惊慌失措，这种反应很自然也很真实。只是这样的情绪落差及波动，往往受制于自己先前对于孩子诚信的期待。例如："孩子不能说谎""孩子不该说谎"或"孩子不会说谎"等想法。

你的感觉被这些想法牵制了，也掀起了一波波负向的情绪浪涛。但，你是否听出了，孩子需要帮忙？关于"说谎"，你真的了解吗？

秘诀 155 换个角度想："孩子，你为什么不说谎？"

我们都期待孩子不要说谎，也认为不该说谎。但我们似乎很少反转来想："孩子，你为什么不说谎？"

· 如果说谎能让对方安心，那么这个谎说不说？

· 如果说谎对彼此都没有损失，那么这个谎说不说？

· 如果说谎能让爸妈更关心自己，那么这个谎说不说？

· 如果说谎是在暗示父母：我真的不知道该怎么办！那么这个谎说不说？

· 如果说谎可以逃避严厉的处罚，那么这个谎说不说？

· 如果说谎能够满足自己的心理需求，让自己更好过，那么这个谎说不说？

· 如果说谎能够让自己得到想要的事物，那么这个谎说不说？

· 如果说谎能让你不对自己失望，那么这个谎说不说？

如果，很多的如果。"孩子，你为什么不说谎？"你可以试着自问自答。

秘诀 156 降低说谎的成分比例

我们期待孩子诚实，但孩子仍会说谎。诚实与说谎看似对立，却又很自然地并存在同一个人身上（包括大人与孩子）。或许关键在于，诚实与说谎的"成分比例"。

如果能将谎言稀释到微量，以不影响孩子身心健康为原则，说谎行为倒是可接受，也应该接受的。虽然我们难免期待孩子像是多重过滤的纯水一般无杂质。

微量的谎言，若在可接受范围内，请你坦然接受。

秘诀 157 诚实面对自我

"我一定要让孩子远、离、说、谎、行、为！"我想，这一点是许多父母的期待。谎言，其实也是一种逃避现实的选择。或许我们可以借由孩子的说谎行为，开启另一扇亲子沟通之门，谈谈关于"面对自我"这一点，彼此是如何看待的。

我们是否很诚实地面对自己？

这也是在看待孩子的诚实与说谎时，很关键的价值所在。与其试图降低孩子说谎的可能，倒不如思考如何让孩子诚实地面对自己、了解自己。当然，也包括我们对孩子的了解。

社会很复杂，但我们依然可以很真诚。真实地面对内在的自己，需要亲子之间一起共同努力。

说谎，敲醒了一个人面对自我的大门。"叩叩叩，诚实在家吗？"希望孩子的心房都有人在。

问题三十 【直接签名不就好了】
我该完全相信孩子吗？

"妈，帮我签联络簿。"德明把联络簿往妈妈面前一摆。

妈妈问："你的功课都做完了吗？"

"对呀，在学校都写好了。"德明回答。

"作业本呢？"妈妈问。

"就写完了放在学校里了啊！"德明说。

妈妈放下了笔。"没确认，我怎么签名？"

"不是已经告诉你早就写好了嘛。直接签名不就好了。"德明显得有些不耐烦，"你不相信我？"

听了儿子的质疑，妈妈心里有点犹豫。"我是很想相信你，只是……"信任孩子是她最基本的态度，但全然的信任，是否也让孩子变得马虎、取巧？这一点，在她心中有所顾忌。

"你不相信我？"德明咄咄逼人地追问。

妈妈的心里也纠结着。"省点事，或许不需要老是跟孩子起冲突。"

德明催促："哎呀，你随便把名字签一签不就好了？"

随便、随便、随便……好可怕的魔音传脑，也让妈妈感到好困惑。

"要不要打个电话跟同学问问看？"她自己也知道这个问题问得很蠢。果然，德明一听马上变脸，速度比翻书还快。

"问同学，问什么？我已经跟你讲作业在学校写完了，为什么还要问同学？"

这个质疑重重地敲在妈妈心上。"为什么还要问同学？唉，如果我打电话，不就直接否定了对孩子的信任，难怪他一脸气呼呼的模样。"

她有些自责自己怎么会问这个蠢问题。

"作业没带回来，我就没办法确认他是不是真做完了，这样怎么签联络簿？只是，如果真的没写的话，那他明天又如何把作业交给老师？已经好多次没有把作业拿给我看，每回都说在学校写完了，这次，我应该再相信他吗？"妈妈深深地吸了一口气，"如果打电话向导师确认，应该能够澄清我的疑惑。但如果被德明知道了，会不会又让他火冒三丈呢？"

"你到底签不签？不签就算啦！"德明不耐烦地把联络簿收了起来，作势离开。

"好啦！我签！我签！"妈妈抢下了联络簿，勉为其难地在本子上签下名字。但她怎么感觉像是被迫签了卖身契？

妈妈心里真的不知该如何是好。

拉近信任与接纳的距离的秘诀指南

秘诀 158　信任的过度与不及要把关

秘诀 159　征信：仔细做好验证工作

秘诀 160　"随便病毒"的超强杀伤力

秘诀 161　绝不轻易妥协

秘诀 162　亲师热线，一通搞定

秘诀 158　信任的过度与不及要把关

信任是对于孩子最基本的态度，全然的信任最完美，也最为理想。但是，过度与不及的拿捏，却也考验着父母的智慧。信任，多少需要有基础，这关系到孩子在此之前的信用表现。

没错，我们展现了全然的信任。这就像开了张没有金额的支票给孩子，对他说："孩子，你就自己任意填写吧！"而在这当中，孩子其实也在仔细观察我们的态度，是否对他放任不管。

我们是太相信孩子了？还是对他的关注不够？

全然的信任，是一种完美的期待与追求。虽然给了孩子充分授权，但请别让自己成为橡皮图章，失去实质的把关作用啊！

秘诀 159　征信：仔细做好验证工作

征信？有没有搞错，我们又不是开银行或办贷款，干吗要对孩子做征信？你可能心里存疑："难道我还要对孩子的信用进行验证？"

如果你的孩子历年来的"还款"纪录良好，不会逾期缴作业，"还款"能力也强，这一点可以从他平时的考试、作业、评量、成绩表现来判断。对于眼前这位信用表现良好的绩优大户，你当然可以授予更多的信任额度。

但是，如果孩子的托词、理由和借口一大堆，你就真的需要仔细调阅他的征信纪录，以评估他的个人信用额度，也就是爸妈该对他有多少的信任。

运用征信做法，可以让我们适时地对孩子的能力资产有所了解和评估。

秘诀 160 "随便病毒"的超强杀伤力

认真的孩子最美丽。你看那专注投入的眼神多么迷人，令人看得目不转睛。不过，认真当然不应该只反映在教科书上，还应该表现在他对待事情的态度上。态度认真，也充分地反映了孩子对于自己的责任有确实负责，不会随便。

千万别小看"随便"对孩子成长造成的杀伤力。

"随便病毒"总是隐藏在每日的小细节当中，一点一滴吞噬着孩子的态度，对于自身与周遭人、事、物的负责态度。

我们随便签名，孩子自然也就随便应付。

想象一下，如果你没有仔细阅读内容，就随随便便签了契约书，后果很可能不堪设想。"投资一定有风险，基金投资有赚有赔，申购前应详阅公开说明书。"要像这句话一样谨慎。

你可能会质疑："真的会有那么严重吗？只是签个联络簿，又不是向地下钱庄借钱签借据。"千万别小看联络簿，它在某种程度上扮演着孩子对于学习及生活内容的"信任簿"，有助于形成一种自我的诚信与责任感。

请随时侦测、扫描并清除"随便病毒"，以免孩子的诚信受感染，遭到威胁。

秘诀 161 绝不轻易妥协

"直接签名不就好啦！"也许孩子会表现出不耐烦，但请别因此就轻易妥协，或被情绪勒索——为了避免惹孩子生气，一切都好谈、好商量、好放弃。

孩子啊！在大人的世界里，这是不对的。

签名是一种态度——对彼此负责的态度。

这个立场，你需要非常坚定。

秘诀 162 亲师热线，一通搞定

亲子之间，谁比较了解对方？事实上往往是孩子更了解我们，胜过于我们了解他。你仔细看看，现实里有多少父母被孩子吃定了。

"孩子，我不是不信任你。但这是妈妈对自己做事的一种负责态度。"

让孩子明白，打个电话给老师是必要的澄清与确认。虽然可能让他感到不高兴，但一次把话说清楚，将亲子之间的疑惑云雾拨开，这是必经之路，更是父母必须应该做的事。

澄清问题，并不等同于对其信用的否认。

问题三十一 【妈妈，不是我】 小小孩说谎，我却该高兴？

演讲时，我常常提到一件事：如果你发现家里三四岁的孩子似乎有说谎行为，其实你应该感到高兴，因为这在某种程度上反映了孩子在语言发展及人际互动上，往前迈进了一大步。这时，孩子已经开始懂得如何针对不同的人、事、物，使用不同的语言表达来应对，以逃避责任或寻求肯定。

但我还会再补充一句：先高兴一下就好。毕竟，孩子还是得慢慢学习如何透过"他律"，经由父母与老师等人的协助，而逐渐学习自律。也就是在自己的内心慢慢建立法律与规范，对自己说过的话负责。

当然，面对家里的小小孩说谎，许多父母难免会有像莉亚一样的反应。

"开什么玩笑？孩子说谎，我应该先感到高兴？别闹了好不好？小维已经三岁了，我担心都来不及，怎么可能高兴。"莉亚双手一摊，脸上露出不以为然的表情。

"我不是在和你开玩笑啦，你就先别往一般的说谎想嘛！"看到莉亚反应这么激烈，茱儿试着缓和她的情绪。

"茱儿，你家的娜娜现在才一岁多，信不信，以后换成是你遇到了，也会和我一样烦恼。就拿昨天下午来说吧，明明是小维把牛奶翻倒在地上的，当我问：'小维，你怎么把牛奶弄倒了？'他却回答：'妈妈，不是我。是波波走过去，尾巴把牛奶撞倒的。'睁眼说瞎话。明明是我亲眼看见他弄倒的，他不但不承认，还把责任推给一只猫！波波原本在一旁睡觉，还是被他翻倒的牛奶给吓醒的。"

"所以，你不觉得小维已经懂得翻倒牛奶这件事会让妈妈生气、不开心？"

"所以呢？牛奶翻倒了，我当然生气啊！拜托，在家拖地、打扫的可都是我。"莉亚大口喝下已经冷了的咖啡。

茱儿试着劝说："你换个角度想，孩子现在已经懂得分析自己的行为和后果之间的关系了。更重要的是，小维开始了解如何使用'语言'来掩饰自己不好的行为。这不就表示他的发展又成熟了一些吗？"

"孩子学会逃避责任免得被妈妈责骂，我也要开心？"莉亚有点疑惑了。

"嗯，至少先开心一下嘛。当然啦，我的意思并不是说以后就让小维继续说谎。"

讲出"说谎"这两个字时，茱儿犹豫了一下，因为她总觉得对于幼儿，拿这个字眼套在他们的行为上有些不适合。

"你看喔，像我家娜娜如果打翻了牛奶，可能只觉得这是一件非常好玩的事，当然就越玩越有劲。这么一想，你不觉得小维反而懂事多了？至少他的语言表达能力已经完整了许多，还有一些因果关系以及判断能力的体现，这不是该感到高兴的吗？"

听了这番话，莉亚陷入思考中。茱儿继续劝她。

"说谎人人都会，小孩当然也不例外。只不过，你就先别把打翻牛奶和诚不诚实这两件事联想在一起嘛！"茱儿试着安慰莉亚，也希望她能客观地看待孩子的说谎行为。

拉近信任与接纳的距离的秘诀指南

秘诀 163　幼儿说谎，代表认知发展更成熟

秘诀 164　幼儿说谎，懂得"行为"原来有"后果"

秘诀 165　幼儿说谎，表示说话的能力升级

秘诀 166　充当导览员，帮助孩子回想过程

秘诀 167　非关说谎：走在现实与想象之间

秘诀 163　幼儿说谎，代表认知发展更成熟

我知道你会这么问我："小孩说谎，父母可是避之唯恐不及的。心理师，你怎么还问我们'开心为哪桩'？"

当然，这里可以优先开心的对象，设定的是家中有幼儿的爸妈。没错，你可以感到开心，因为你家小孩的认知发展已经往"成熟"跨出了一大步！

请提醒自己，先别把幼儿的这些表现，往偏差行为的方向推过去。这时，幼儿的反应，还不属于我们大人说谎的那一套。

幼儿说谎未必是坏事。幼儿说谎，多少在告诉爸妈："我真的又长大了！"

请欣赏幼儿阶段语言表达的"精湛演出"。

秘诀 164　幼儿说谎，懂得"行为"原来有"后果"

先放个鞭炮吧！因为你家的孩子已经逐渐懂得，原来"行为"是会带来"后果"的。

两个幼儿比比看，同样是把牛奶翻倒，一个觉得"好玩极了"，所以继续玩；一个觉得"糟糕，会被妈妈骂"，干脆就推给猫。请问谁的认知比较厉害？

幼儿说谎，表示其行为与后果的超强联结开始萌芽。爸爸妈妈们，请先"安装"这套想法与概念，你的担心与顾虑就容易消失不见。

秘诀 165　幼儿说谎，表示说话的能力升级

再次提醒家中有幼儿的爸妈，孩子在这个时候，正是需要让语言表达恣意加速，充分发展的阶段。

"妈妈，不是我。是波波走过去，尾巴把牛奶撞倒的。"仔细想想，孩子的表达内容是不是比以前更丰富了，你甚至还能由此而产生画面感。

你可能会很激动地强调："可孩子是在用谎言来掩盖事实啊！"这确实不假，但重点是，他已经懂得用语言来掩盖行为了——我强调的是"语言"，而不是"谎言"。

在这件事情中，你应该感受到孩子对父母情绪的辨识能力有所提升了。他除了怕被你处罚，还想要讨得你的欢心——至少你会认为他是乖宝宝。

秘诀 166 充当导览员，帮助孩子回想过程

请先别急着质问孩子："牛奶是不是你弄倒的？"因为你一旦这么发问，几乎已经表明就是他弄倒的，孩子不否认很难。而如果孩子马上承认，你大概也会生气吧？

你可以以导览员的角色，试着让孩子回想刚刚他在客厅里的画面。

"小维，刚刚波波在睡觉时，桌上有一杯妈妈泡的温牛奶。那时，你正好……"

语气越柔和越好，孩子吃软不吃硬。

说完，专注地看着孩子，倾听他怎么说。

这就像让孩子看行车记录仪的画面般，引导幼儿回想自己的行为，说说那过程。

秘诀 167 非关说谎：走在现实与想象之间

"现在的孩子超会扯的！这个年纪就乱说一通，以后还得了？"或许有些父母会这么想。

但我想，所谓"超会扯"通常指的是孩子在语言表达上，常常把听过的故事、看过的卡通、似懂非懂的知识等加在一起。这就好像孩子会把你跟他聊的动物园、海洋馆、交通工具等，与他的过往经验加在一块，像端上一碗"八宝粥"一般，全部混在一起说给你听。例如："妈妈，

我有看到长颈鹿和小小兵 ① 在搭地铁。真的，就坐在我旁边。"

"拜托，说谎都不打草稿？"在你开骂前，请少安毋躁。

孩子现阶段正处在现实与想象力的发展过程之中。这类言语与说谎无关，但和语言的创造与表达有关。

对于幼儿来说，这句话中有他的联想，也反映着他现在关注的对象——长颈鹿、小小兵和地铁都很吸引他，甚至让他产生美好的想象——和喜爱的长颈鹿与小小兵一起搭地铁。

现实与想象交织，将让幼儿的语言迸出火花。

---

① 小小兵：《小小兵》中的人物，《小小兵》又名《小黄人大眼萌》，一部动画电影。

问题三十二 【那个男孩是谁】
孩子为何不愿意回答我？

在和青春期孩子的辅导交流过程中，我发现了一件很微妙，但又严肃的事。有时，孩子宁可将心里的想法对我说，却不愿意在爸妈们面前开口，纵使他和心理师仅是第一次见面。

这让我看到了信任、尊重、倾听与了解，在关系的建立上发挥了多么重要的作用。

当然，这也让许多父母感到失望与失落。不管怎么说，自己和孩子相处这么久了，明明都有问他、关心他，但为什么孩子总是不愿意把内心的想法对自己说？

这一点，在青少年的交友与感情问题上特别明显。就像下面这个例子。

"那个男孩是谁？"妈妈问莉莉，但只换得莉莉的沉默不语。

"那个男孩是谁？"妈妈加码问了第二次，情况没有改变，莉莉仍然沉默不语。

"不对、不对、不对，这孩子平时不是这样沉默的，我看一定是心里有鬼。"妈妈心想，立刻又开口问："莉莉，昨天在巷口和你说话的那个男孩是谁？"

妈妈决定问个清楚。然而，面对莉莉继续沉默不语，自己有一种出局的感觉，开始感到有些压力。她忍不住想："奇怪，应该是孩子有压力才对啊！怎么会变成是我了呢？"

"莉莉，昨天傍晚五点，在巷口和你说话的那个男孩是谁？"这个详细又精确的问题一出口，妈妈便屏气凝神地期待扳回局面，心想：我这么具体地把时间、地点都说清楚了，孩子总该承认了吧？

没想到，莉莉只是静静地看着妈妈，仍然沉默不语。

面对眼前不动如山的孩子，妈妈决定使出必杀技，越说越详细，这样至少能让女儿知道自己昨天傍晚真的有亲眼看见。

"莉莉，昨天傍晚五点，在巷口和你说话的那个穿蓝色条纹制服的男孩是谁？"

莉莉睁着双眼望着妈妈，像个穿了衣服的维纳斯雕像，继续沉默不语。

"这……"妈妈有些招架不住了，心想：我怎么感觉像在对女儿做笔录，难道我把自己的孩子当成犯罪嫌疑人了？

"莉莉，昨天傍晚五点，在巷口和你手牵手、说悄悄话的那个穿蓝色条纹制服的男孩是谁？"

妈妈虽然问得更仔细，却也更疲惫无力，因为孩子一直沉默不语。

拉近信任与接纳的距离的秘诀指南

秘诀 168　"封杀"是一种沟通阻碍

秘诀 169　撤除"此路不通"的路障

秘诀 170　少说，多听，受欢迎

秘诀 171　与孩子换位思考

秘诀 172　敞开沟通大门，以防沉默蔓延

秘诀 173　以有温度的关心，重新启动关系

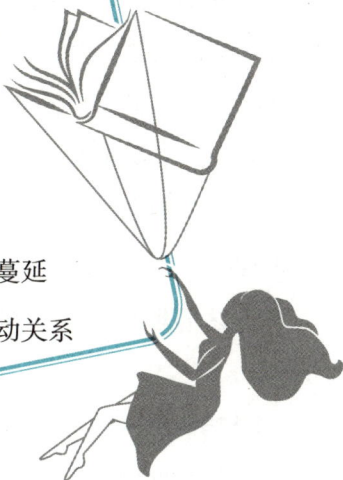

秘诀 168　"封杀"是一种沟通阻碍

我们可以想想，对于眼前面临的孩子的交友问题，是否无论她怎么回答，我们都已经有了标准答案：现在还在读书，不能交男朋友，无论那个人是谁都一样，免谈。

假如答案已经这么明显了，那孩子为什么还要回答你？这不叫作沟通。这是"下圣旨"，你发出命令，而孩子得遵守。甚至孩子都还没有表达出自己交友的想法、状况呢！

但你却选择一律封杀，免谈。

如果是这样，那孩子何必开口回答你的问题呢？

秘诀 169 撤除"此路不通"的路障

"那个男孩是谁？"你对青春期孩子的交往充满好奇，或者说，是因为不了解而焦虑。

当我们这么问，是想问出什么？在这样的问话过程中，孩子是否感受到了我们的不友善、对她交友状况的不支持？

别成为青春期孩子的反对党。当我们为反对而反对，孩子又有什么必要回应我们？

亲子之间想要积极有效的互动沟通，就请别自我设下"此路不通"的路障。

当爸妈明确传递出"无论如何都要放弃交往"的信息时，对孩子来说，在此路不通的情况下，沉默是最不费唇舌的。结果，你想和青少年孩子的沟通，果然也变得此路不通。但别埋怨，这样的局面是我们自己造成的。

秘诀 170 少说，多听，受欢迎

当孩子以沉默回应你的质问，而你也嗅到孩子不愿意开口表露的意愿，这时候，是否适合继续再问下去？

说真的，我会建议你先缓一下。事缓则圆。

或许这个时候，对话的气氛不对；或许孩子还不知道如何告诉你；或许还不到孩子愿意分享的时刻。

请记住：少说，多听，受欢迎。

你应该有听到沉默的声音，甚至听懂沉默的信息。先抛出个疑问就行，让孩子知道你关注眼前的她和别人交往这件事。至于何时沟通，可再讨论。

再次提醒你：是"沟通"，而不是单向式地发出行政命令，要求孩子遵守。

秘诀 171　与孩子换位思考

当孩子面对你的问题选择沉默以对，这时，沉默的解读就很有意思了。

是她在隐瞒，代表承认吗？

是心里有鬼吧，不然为什么不说？

还是否认、消极反抗，对于这个蠢问题根本懒得回应？

我想，解答只有孩子自己清楚。

你真的瞧见了孩子在巷口和别人手牵手，说着悄悄话。你忍不住想：拜托，答案都已经这么明显了，她为什么还不说？

但是，请先别为沉默扣上"隐瞒"的大帽子。沉默需要一点时间来解冻、退冰。

如果这件事，说了对孩子并没有好处，那她为什么要回答你呢？

如果你真的期待孩子有所回应，那么请站在孩子的立场上，想想她期待你怎么问。

秘诀 172　敞开沟通大门，以防沉默蔓延

请特别留意孩子的沉默反应。

第一次，她选择不说，就很有可能第二次还是选择沉默。如果爸妈并没有察觉到与孩子的互动模式需要改变的话，那么青春期孩子的沉默，将会一次又一次地持续蔓延开来。

若孩子选择对质疑沉默以对，请先思考：我们是否把沟通的大门敞开了？是否让孩子看到了你的诚意，否则，沉默将无限期继续蔓延。

秘诀 173 以有温度的关心，重新启动关系

沉默，或许反映着彼此的信任关系有待改善；沉默，也可能表示孩子不知道该如何是好；沉默，多少显示了此刻讨论的时机未到。

孩子沉默，虽然让我们很气恼，但也许是一种信号，提醒爸妈去思索："孩子，我们熟悉吗？"

关于这一点，只有你自己知道。

请以温柔的态度、贴心的接纳，以及想要了解孩子的心情，重新启动你们的亲子关系吧！让我们用有温度的关心，暖化孩子的沉默。

问题三十三 【反正都是我】
偷了一次，就会有第二次吗？

"好啦！反正就是我啦！每次只要有钱不见，都是我拿的啦！"深夜里，紧闭的房门后响起培文激动大吼的声音。紧接着，是妈妈急切的话语。

"培文，你先别这么激动嘛。毕竟钱是真的不见了啊！"

"所以呢？就一定是我？难道以前犯过错，未来我都要一直背负这个错？"培文愤怒不已。

"培文，不是妈妈要怀疑你，但是你也知道爸爸对于这次钱不见的事，非常非常生气。每个人都会犯错，但是只要承认，同时愿意改过，爸妈一定会原谅你的。"妈妈劝说。

培文更气了。"对，每个人都会犯错。但这一次，你们错得离谱！"

"而且你想想，妹妹年纪那么小，她拿钱去做什么？"妈妈似乎没听见培文的辩解。

"那我拿钱又要去做什么？"培文反问。

妈妈没回答培文的质疑，只是继续说下去："如果你有什么需求，其实大可直接开口跟我们说。你也知道，你爸对于那个行为很敏感，而且也无法接受。更何况他对于前几次的事一直难以释怀。毕竟你是他唯一的儿子，他很在乎孩子的品格，我想这你应该知道。"

"拜托！前几次，是多久以前的事了？你以为我也可以释怀吗？凭什么这次认为一定是我？证据在哪里？说啊！说啊！你们说啊！"培文越说越激动。

"培文，是没什么证据。只是……"面对儿子的质问，妈妈有点迟疑。

"只是什么？只是因为我曾经偷过家里的钱，所以现在就得活该倒霉被栽赃？"

听培文脱口说出"偷"这个字，妈妈感到心里揪了一下，她实在不想把这个字套在孩子身上。

"没有人喜欢钱被偷，更没有人喜欢被怀疑偷钱。以前我拿了、我做了，但我也承认了。可是这一次，我没有就是没有！你们不相信就算了，反正我也不会期待。都怪我自己活该，偷了一次、两次、三次……就算未来不再偷，也会一辈子都被认为是小偷！我必须说，你们都是用这样的眼光在看我。"

"孩子，只是……"妈妈词穷了，或者说，她心里突然有种罪恶感。

的确，没有人喜欢被误解，更何况是自己亲近的爸妈。如果连爸妈都不信任自己，可以想象在孩子的内心，这会是多么大的挫折。

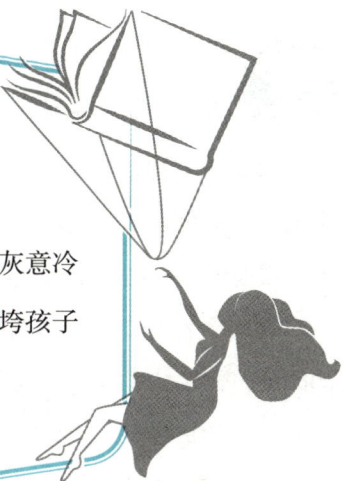

秘诀
174　## 粗暴的先入为主观念

　　为什么你认定"就是"孩子拿的？除非手中有证据支持，如果没有的话，这样的认定对孩子来说无疑是一种暴力。欲加之罪，何患无辞。家长这种随心所欲的诬陷，最是令孩子反感。千万别以为如果误会了，说声"抱歉"不就得了，没那么简单！

　　先入为主，往往令孩子觉得你在解决问题上根本没经过深思熟虑。你这么做，除了让孩子心理受伤之外，也容易使他心中对你产生怨怼："为什么就认定是我拿的？说不定是自己放错了地方，或自己根本也忘了放在哪里！"

　　先入为主，少了深思熟虑，将给亲子关系带来很大的风险，也容易拉大亲子之间的信任距离。

秘诀 175 别让孩子永远背黑锅

谁喜欢背黑锅呢？或许你觉得既然孩子曾有这样的不好纪录，一旦类似的事情再发生，先设定是他准没错。拜托，这不是概率问题，是证据，需要的是切切实实的证据。

每个人都会犯错，当然也有人会一错再错，从而改变了他人对自己的印象，容易让他人先入为主。这"宿命"，有时会使曾经犯过错（例如偷窃）的孩子，无力地陷入一池浑浊的污水里。不管自己如何改变，别人的印象始终就是——黑、黑、黑。出了事，钱不见了，第一个怀疑的就是自己。

没有人喜欢被怀疑。

这永远甩不掉的黑锅，很容易让孩子选择自我放弃——"既然你们都认为我会再犯错，那我干脆就错给你们看，让'预言'成真！"

你不喜欢碰黑锅，也就别让孩子背黑锅。

秘诀 176 "反正"的无奈，使孩子心灰意冷

请注意，"反正"这个词一旦出现，等于孩子在对你说：他的心已经死了。无论他怎么做、怎么解释，都无法改变既定的"事实"——被认定他偷窃的"事实"。

"反正"，孩子已心灰意冷；"反正"，孩子已不再期待。"反正"这个词，就像病毒般渗透到孩子的思考中。这两个字正腐蚀着孩子对事物的合理解释，我们一定要正视。

贴上标签容易，但去除时，心里多少都会留下痕迹。

秘诀 177 挥之不去的偷窃魅影，将压垮孩子

有一天，孩子真的不再偷窃了。其实，在那些年之后，他就不再偷了。他的品格正如你所预期的，改过向善，往好的道路走。但是，长期被认定与怀疑，就像抛不开的魅影，如鬼怪般纠缠着他。

偷窃，停止了；自尊，却也沉了。孩子的行为，你看见了；他的内心，却被漠视了。

你是否想过，我们不知不觉地把罪责罗织在孩子身上，让他在成长的路途上，背负着这重重的大包袱。步伐越来越沉重，身形越压越低；呼吸越来越沉重，自尊也越来越低、越来越低、越来越低，直到整个人的内心都被偷窃的魅影笼罩。

这是你所期待的孩子成长的结局吗？

别让偷窃的魅影，纠缠孩子的心。

秘诀 178 以偏概全，没有人能释怀

我们都期待自己的孩子诚实。但是如果爸妈们选择以偏概全，从孩子过往偷窃的例子，偏颇地认定他整个人未来的行为都不诚实，这是没有任何孩子所能释怀和接受的。

所以，你期待在孩子的小小心灵上，放上一个大石头，压抑他的想法与感受吗？

秘诀 179 真的误会了，请勇于说抱歉

我们都曾经误会过孩子。对于孩子敢做却不敢当的行径（其实可能什么都没做），充满着不以为然的态度。

但是，如果我们真的误会了，请勇于在孩子面前坦诚自己的过错。

认错，勇于面对，让孩子能够亲眼见识到爸妈自我坦诚的勇气。别再让"孩子，只是……"的存疑，弥漫在亲子之间。

否则孩子不再偷窃了，心，却也跟着寂灭了。

诚实第 6 部
建立身教与示范的标准

问题三十四 【身教的两难】
我该迎合孩子的需求而说谎吗？

孩子爱看电影，是好事。孩子主动表示要看电影，更是好事。只是，有点尴尬，也比较难向孩子解释的是，为什么他们想要看的电影不适合看。而让父母更为难的地方，在于孩子很坚持："我要看，就是要看！"

"妈妈，我要看《小小兵》，我要看《小小兵》！"哥哥在一旁吵着，妈妈当然知道他要看。

"妈妈，我也要看《小小兵》，我也要看《小小兵》！"兄妹俩就是这样，哥哥想做什么，妹妹当然二话不说也一定要跟着做。

不过，妈妈注意到这部电影是保护级，便认真地拿出手机上网查询。

"保护级（简称"护"级）：未满六岁之儿童不宜观赏，六岁以上未满十二岁之儿童需父母、师长或成年亲友陪伴观赏。"

妈妈有点头疼了。"哥哥，你现在已经小二了，妈妈陪你到电影院里看《小小兵》好吗？但是妹妹现在才中班，未满六岁耶，这该如何是好？"

哥哥听了，马上对妹妹说："妹妹你不能看《小小兵》，你不能看《小小兵》！"

"我要看《小小兵》，我要看《小小兵》！"妹妹被惹得大叫。

"唉！哥哥你真是的，干吗要刺激妹妹啊！让她哭、让她叫，这样你才开心？"

妈妈实在不喜欢孩子在公共场所吵闹，这让她觉得很难堪。

"小姐，请问你是在排队吗？"后面突然出现年轻人的询问声。

"嗯。有啊！有啊！"

妈妈双手开弓，同步推着兄妹两人向前挪移了一小步。只是步伐越接近柜台，她的心跳也越快，开始在想："怎么办？怎么办？待会到底该怎么说？要谎报妹妹的年龄吗？妹妹呀，平时叫你多吃饭，你就不要。不然，吃饱吃壮长高一点，现在看起来也会有六岁的模样啊！唉，害妈妈现在紧张得都要喝水解压。"

"妈妈，妹妹能看吗？你刚刚不是说《小小兵》要满六岁才能看，但是妹妹的六岁生日还没到耶！"哥哥问。

被哥哥这么提醒，妈妈脑子里更是一片混乱了。"你也知道不让你妹妹看还得了，她可是会抓狂的啊。"

"所以，妈妈你要骗卖票的阿姨说妹妹已经满六岁了，是不是？"天真的哥哥大声询问。

"拜托，你这小子，什么骗不骗的，干吗讲得这么大声，是要让全电影院的人都知道是不是？"后面的年轻人眼神直盯着自己，表情似乎在提醒她：做妈妈的，不能在小孩子面前说谎哟！

轮到他们了。

"三张《小小兵》。"妈妈忐忑地说。

然而，售票人员问她："请问小朋友现在几岁？"

"哥哥八岁，妹妹……"妈妈边回答，心里还边在犹豫。

建立身教与示范的标准的秘诀指南

秘诀 180　以孩子能理解的方式说服他

秘诀 181　寻找其他出口，转移失落情绪

秘诀 182　小心"合理化"想法的陷阱

秘诀 183　请勿不断破例

秘诀 180　以孩子能理解的方式说服他

电影的分级制度，从保护儿童、青少年身心发展的立意来说，是值得肯定与参考的。你可能心想，是哪一群人有那么大的权力决定谁可以看，谁谢绝观赏？

根据对《小小兵》审议的结果，所持的理由是："本片部分剧情涉及偷盗，其部分对白有混淆道德秩序观，须父母、师长或成年亲友陪伴辅导观赏，故列保护级。"这些理由，先试试看能不能说服你？

"妈妈，你刚刚不是说《小小兵》要满六岁才能看？"

规定上，写的是"不宜"。然而，孩子可能不解这是哪门子规定，甚至不断抗议："我要看《小小兵》，我要看《小小兵》，我要看《小小兵》！"

当你决定秉持"诚实至上"的原则，该如何以孩子能够理解的方式说服她——《小小兵》会把你带坏？在遣词、用字及修饰上，需要花费一番功夫。

秘诀 181 寻找其他出口，转移失落情绪

当然，在孩子一心想看的情况下，解释、说理是行不通的，因为孩子的脑海里都已经被《小小兵》占领了。

这时，请运用"转移"的方法。转移、转移、转移，先别说理。未满六岁的孩子，还是很好讲话的，不妨通过其他事物，转移她的注意力。

当未满六岁的孩子因为"保护级"的防火墙，被《小小兵》挡在外面，这时，失落在所难免。爸妈可以试着寻找另一个替代事物（不一定是看电影），来抚慰、转移孩子的失落感。

我想，这可以是另一个选择。例如没看到电影，却拿到了小小兵的玩具或公仔。

面对孩子的失落感，我们可以帮她找到情绪转移的出口。这出口有很多，说谎不是唯一选择。

秘诀 182 小心"合理化"想法的陷阱

回到电影院现场。

我想孩子平时的歇斯底里，可能让你心有余悸，如果她没能看电影，那就会吵闹得没完没了。

但在孩子眼前，面临是否谎报年龄的选择，这实在是令为人父母的

为难。这时，寻找合理化的说法，往往是让谎言隐遁的好帮手。

或许，你心想：虽然我家妹妹生理年龄还没有满六岁，但她的心智年龄应该超过六岁了。

这种合理化的想法可能会让你觉得舒坦些，而脱口说出"哥哥八岁，妹妹……六岁"的回答。

大人对于自己的说谎行为都想找个台阶下，让"下来"的姿态比较优雅。但是请小心，"合理化"的发酵，将让你在孩子面前不断示范说谎这种行为。

秘诀 183 请勿不断破例

其实无论大人或小孩，当谎言即将脱口而出时，心里很容易浮现出一句话："仅此一次，下不为例！"

当然，这次破例，你可以找到许多看似合理的理由："妹妹也爱看啊！""没关系，保护级，妈妈保护你！""规定是不宜观赏，又不是不能观赏。""哎哟，不就只是看看电影而已，没什么大不了的。"

为了迎合孩子或害怕孩子不开心，我们很容易选择妥协——"仅此一次，下不为例。"至少先解决眼前的燃眉之急。但是否真的就这么一次？这挑战着你的诚信。

请提醒自己，"下不为例"，是否就真的不会破例？

问题三十五 【当角色互换】
爸妈，你们会不会说谎？

对父母来说，孩子提问是常事。然而，孩子无所不问，爸妈却很难无所不答。特别是当他们抛出敏感而难以启齿的问题，比如我们要求他，而自己却做不到的事时，这总让为人父母者尴尬了。

"爸爸，你会不会说谎？"明珠问爸爸。

"开什么玩笑，做爸爸的就是要维持好榜样，怎么可能会说谎？"爸爸吞了吞口水，眼神飘向妈妈。

"妈妈，你会不会说谎？"明珠又问妈妈。

"嗯……当然不会啊！我跟爸爸一样都要做你的好榜样啦，所以怎么会说谎呢？"妈妈用力搓揉着双手，把眼神抛回爸爸身上。

"爸爸，那你小时候有没有说过谎？"明珠问出第二个有杀伤力的问题。

"啥？小时候啊，刚刚爸爸已经说过了啊！我们要做你的好榜样，所以没、有、说、过、谎。"这一字一字地说着，让爸爸感到有些难为情。

"妈妈，那你小时候有没有说过谎？"问完爸爸，轮到妈妈了。

"啥？小时候啊？嗯，小时候……哎呀，小时候的事情都已经隔了那么久，我怎么会记得？我想应、该、没、有、说、过、谎。"妈妈突然有一种接受孩子测谎的感觉。

"爸爸，那小朋友说谎会怎样？"明珠没有察觉爸妈的坐立不安，继续问。

"嗯，小朋友说谎当然会被讨厌啊！毕竟大家都喜欢诚实的小朋友。"爸爸说。

"那大人说谎是不是也会被讨厌？"明珠问。

爸爸露出尴尬的表情。"当然也会被讨厌啦！"

"天哪！这孩子的问题怎么这么多？既然你都已经问了爸爸了，就不要再把问题抛给我了。"妈妈心中有些忐忑，但她其实并不那么清楚为什么对于说谎的话题，自己会感到如此心虚，"我真的不会说谎吗？骗谁？哪个人不说谎。都是爸爸啦，说什么维持好榜样，既然他都自称不说谎了，我当然也得比照这标准。"妈妈狠狠瞪了爸爸一眼，只见他心虚地低下头。

"说谎有什么大不了的。哪个孩子不说谎？不，应该说，哪个大人不说谎？"妈妈心里越想越不对劲，"拜托，我们现在不就在对孩子说谎？"

妈妈心中的诚实之声和正义之音蠢蠢欲动，不断暗示着自己：要面对！

"明珠啊！其实妈妈小时候……"

建立身教与示范的标准的秘诀指南

秘诀 184　正视敏感的提问

秘诀 185　贴近内在的形象

秘诀 186　跳脱二分的假象

秘诀 187　亲子诚实游戏："真心话，大冒险"

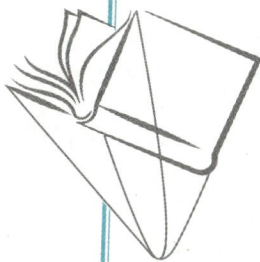

秘诀 184　正视敏感的提问

　　"爸爸，你会不会说谎？""妈妈，你会不会说谎？"当这种敏感问题突然从孩子口中抛出时，爸妈难免因一时的"惊吓"反应不过来，毕竟自己平日常说的是："孩子，你千万别说谎啊。"

　　当孩子这么一问时，父母回过神来却不知道该如何回应，尴尬和焦虑把脑细胞杀死了一大堆。

　　但重点在于，孩子所抛出的问题，爸妈平时并未认真地思考过。然而，每个人多少都有难言之隐。小孩如此，大人也一样，心中都有一些不想告诉别人的事实。

　　孩子的提问，总是直入内心，也点醒了我们要正视"说谎"这件事。如果我们大人做不到，那又该如何要求孩子诚实呢？

秘诀
185 **贴近内在的形象**

我们都知道彼此在说谎。但为什么在孩子面前承认说谎却这么难以启齿？或许你心想：这当然是为了自己的形象啊！不然自己都做不到诚实，以后怎么面对孩子？就算做不到，至少也不能让孩子知道。

但这个形象，会不会只是个假象？如果这个形象如气球般脆弱，针一刺就破，那么你是否还要坚守"爸妈怎么会说谎"这道自我欺骗的防线呢？

让形象与自己的内在贴近。这时，你的心会比较踏实些。

秘诀
186 **跳脱二分的假象**

形象其实有很多种。维护形象，并不表示自己就是纯白无瑕的。人生的道路尘土飞扬，想要不惹尘埃是不可能的。

对孩子坦诚自己曾经说谎，也会说谎，这样的爸妈其实比较符合人性。同时，面对自己，坦承错误，反而在孩子面前树立了一种勇于面对自我的好形象。

人人都会说谎，其实没有人具备百分之百的诚实。

秘诀
187 **亲子诚实游戏："真心话，大冒险"**

来进行一场亲子诚实与胆量的"真心话，大冒险"游戏，轮流或猜拳都可以，谁输了，就从"真心话"和"大冒险"当中选一个吧！

当爸妈猜输了，选择"真心话"，就必须诚实地回答孩子的任何提问。你心里或许期待："孩子啊！请手下留情，可别提出让爸妈尴尬的隐私问题啊！我们也会害羞的。"

如果选择"大冒险"，那么爸妈就得做出孩子所提的任何事情。虽然挺尴尬的，但总比被问"真心话"要安心一些。

亲爱的爸妈，你们可别只顾选择"大冒险"。想想真心话为何不敢说出口，否则很容易让孩子觉得爸妈不愿诚实面对。

现在的孩子很聪明，请别小看他的判断。

问题三十六 【说我不在家】
大人说谎就可以吗？

"很抱歉，我现在真的不需要银行贷款，请你不要再打电话了好不好？我已经说过好几次了，不需要。"

妈妈气呼呼地结束通话，抱怨着："奇怪，这些银行到底是从哪里得到我的联络资料的？真啰唆。以前需要贷款的时候吹毛求疵的，爱借不借。等到现在不需要了，三天两头打电话来问，真的是烦死了。"

"妈妈，你不要接电话不就好了。"婕妤建议。

"我哪知道是谁打来的？遇到重要电话怎么办？倒霉的还不是自己。"妈妈回答她。

"如果你真的那么讨厌的话，就直接挂上电话啊！"婕妤有点不以为然。

妈妈回应道："再怎么说，这些负责银行贷款、中介服务的电话营销专员也是在工作。这样直接挂上，不尊重、不礼貌啦！更何况有的人还跳过手机，直接打电话到家里来。依我的经验，这一波电话会打个几天，想办法说服你。这样好了，婕妤，下次家里的电话就让你来接。如果你一听是银行打来的，问要不要贷款、借款，你就一律告诉对方说我不在家，懂吗？"

"可是，妈妈你明明在家啊！这么回他，是不是在教我们小朋友说谎？"婕妤问。

"状况不一样啦！这不是说谎，这是……"糟糕，妈妈词穷了。

"什么？"婕妤瞪大眼睛等着妈妈的回答。

"嗯，这叫解决问题啦！"说出来后，妈妈松了一口气。

"可是你在家啊！"婕妤疑惑地说。

"我当然知道我在家，只是我不想接这种电话，很烦的你知不知道。越解释就像麦芽糖一样越黏。"妈妈说。

婕妤感到还是有点疑惑。"可是妈妈，解决问题应该有很多方法吧？"

"拜托，你怎么也像电话营销专员一样啰唆啊！说我不在就好了。"妈妈想结束话题了。

"你骗他说不在，他还不是会说'那我晚一点再打来'，这样不就没完没了。难道我要一直跟他说'我妈妈不在家''我妈妈不在家''我妈妈不在家'吗？还是我干脆跟他讲'我妈妈已经离家出走了'？"婕妤半开玩笑地说。

"你这小孩怎么搞的，难道就不会变通一下，撒个谎有那么严重吗？"妈妈有点火了。

我们都忘了一件事。

原来，都是我们在教孩子说谎。

建立身教与示范的标准的秘诀指南

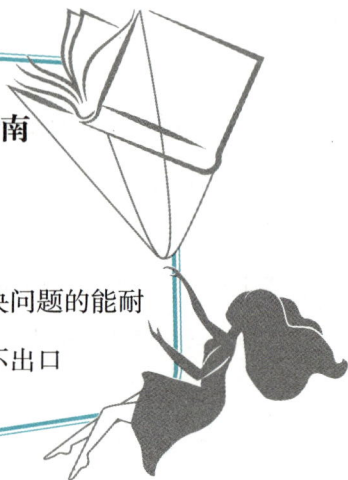

秘诀
188

言之要有理

　　每个人说谎时都有自己的一套说辞。但这说辞是否言之有理，是否能够自圆其说，如何让听的人认同并接受你善意的谎言，你的立场需要清楚地表达。

　　"负责银行贷款、中介服务的电话营销专员也是在工作。"这一点，妈妈的看法正确。无论对方的举动让你感到多厌恶，拨打电话仍然是他们工作的一部分，基本的尊重仍然需要相互维持，每个人都有自己的界线，勿越界。因此，妈妈对于直接将电话挂上，视为一种不尊重对方、不礼貌的行为，这是很值得肯定的想法。

　　以"说我不在家"这样的理由，使用谎言的解决方式，你认不认同？

　　谎言，有什么道理？你的理由，至少要能够说服自己、说服孩子。

秘诀 189　评估谎言的得与失

说谎是一种选择。当你决定这么做时，应该先评估一下谎言的成本与代价。

对电话营销专员来说，无论是告诉他"我妈妈不在"，或亲自接听电话，你都不会同意接受信贷服务。在这种情况下，对方没损失。

那对自己来说呢？"妈妈你明明在家啊！这么回他，是不是在教我们小朋友说谎？"以这一句疑问为例，先不要立即判断得与失。

或许你担心孩子这么一问不就等于对妈妈的行为产生质疑，甚至认为是一种不好的示范。

乍看之下，似乎是如此。但翻转一下看待事情的方式，孩子的这个疑问，不也带来一次亲子共同讨论谎言或者诚实的机会吗？让彼此能够分享与聆听对于谎言的各自看法。

讨论谎言，对亲子关系而言就是一种有益的促进。

秘诀 190　思考其他选项，展现解决问题的能耐

没错，如同孩子提到的："妈妈，解决问题应该有很多方法吧？"单单这一点，就该为孩子拍手叫好。

或许对妈妈来说，直接用"说我不在家"的理由是最快速地解决问题的方法，但是，如果能够选择更合适的方式回应，例如："很抱歉，目前我没有贷款的需求"，直接表明自己的立场更好。而当对方不断想要试探、继续说服时，"很抱歉，目前我没有贷款的需求"这句话可以

不断反复，有些历练的电话服务专员应该会知难而退。

如果你的立场已经表明得很清楚，必要时，可以在电话上设定拒接来电黑名单。毕竟你已经清楚向对方表明了，为了不浪费专员的时间，来电就不接听了。

解决的方法很多，谎言只是其一。但不见得一定得如此选择。借这个机会，我们要让孩子见识到父母解决问题的能耐。

秘诀 191　谎言请限额，非必要时不出口

这次你打了说谎牌，状况解除了。那么，如果孩子日后遇到问题也比照办理呢？想想，孩子只是依照你的方式，甚至于采用SOP（标准作业程序）的说谎步骤，你会反对吗？

我想，当下你也可能觉得心头怪怪的。搞不好会学起孩子那句："解决问题应该有很多方法吧？"

亲子彼此都在成长。偶尔使用谎言来解决人际互动的问题，或许情有可原。但我们终究期待彼此的成长能够更加亲密，每一次的出手，每一次的解决，每一次的救援，都会是一场温馨的友谊赛。

请对说谎行为严加管制，且每月限额使用。当然，非必要时，尽量不用。

问题三十七 【都是你在讲】
爸妈，能不能别再唠叨，听我说？

演讲时，我常告诉听众："在临床心理师的角色中，我可以维持百分之九十八、百分之九十九的专业。但回到家，我也会变得唠叨、琐碎，毫无章法。"

这句话所要强调的是，没有人可以说"我是专业的爸爸""我是专业的妈妈"。因为随着孩子的成长，我们也在"爸妈"的角色上不断学习。

当然，我们总希望自己能做得更好。但却忽略了，唠叨对于亲子关系的破坏力。唠叨，很容易把孩子推得离我们更远，也让他们懒得和我们沟通了。

"小玉，我不是叫你把手机放在家里，不要带去学校吗？这回好了吧，被老师收去保管，还在联络簿上郑重叮咛我和爸爸：'请多管教孩子，别让老师困扰。'唉，怎么老是说了不听呢？……"妈妈话一起了头，就念个没完。

"我只是……"小玉正要开口，却立刻被妈妈打断了。

"还有，什么叫'我妈妈要我把手机带在身上，好方便联络'？联络什么？更何况，我什么时候跟你讲过这句话？小小年纪就说谎，真是的，越想我就越气！"

"我只是……"

也不管女儿到底想说什么，妈妈抓住话头又开始碎碎念。

"只是什么？说谎，乱掰理由，还有什么借口好说的。这跟外面诈骗集团常常乱枪打鸟，乱拨电话说什么'你女儿出车祸住院了，赶快到提款机前汇款'有什么两样？"

"你在胡说什么？"听妈妈把自己和诈骗集团连在一起，小玉有点生气了。

"是你在胡说，还是我在胡说？搞清楚耶，每次被你这样在老师面前乱说一通，我都快成了你们班上的家长黑名单——情节重大，屡劝不听。你可别让我在其他家长面前丢脸！"妈妈一说就是一长串。

"妈，你的话怎么那么多？可不可以先好好听我说？"小玉心里嘀咕着，接着尝试解释："我只是……"

才刚开口，又被打断了。

"只是怎样？说谎不打草稿，找爸妈当炮灰？小玉，我告诉你，小小年纪就这么不诚实是非常可怕的事情。"

"我只是……"小玉不满地打算申辩。

"你不要再找理由了，我不想听你解释什么。在老师面前说谎就是说谎，你得勇于面对错误，该承认就承认，这是做人的基本道理。现在这年纪都没有办法让人家信任了，那么以后长大了进入社会，谁还会搭理你？别做梦了。"妈妈已经帮孩子预想到十几年后的未来了。

"我只是……"小玉不屑地准备接话。

"而且你才小学六年级，把手机带去学校干吗？炫耀吗？证明你有智能手机？唉，从小就这么爱慕虚荣，长大还得了。如果不是我们家的经济状况还好，依你的条件，还有未来的就业市场？要自己买一支 iPhone 6、7、8、9、10 的，我看难喔！"

"我只是……"

孩子总是没机会把话讲完。

建立身教与示范的标准的秘诀指南

秘诀 192　唠叨啰唆拮抗剂

秘诀 193　自我表露强心剂

秘诀 194　亲密关系黏着剂

秘诀 195　自我觉察显影剂

秘诀 196　耐心等待固定剂

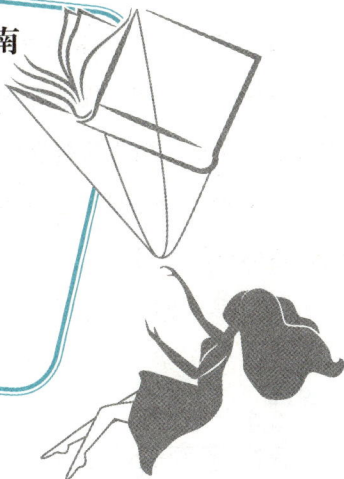

秘诀 192　唠叨啰唆拮抗剂

在亲子关系中，父母的唠叨与啰唆往往会激起孩子的对抗心理。并非孩子不想澄清你的疑虑。但是当你如机关枪似的不给她留有表达的余地，结果当然就会让孩子继续和你对抗下去。

对抗，阻断了彼此的对话关系；对抗，让亲子关系更加疏离；对抗，很难让孩子了解你重视她是否诚实的用意。

我们必须认真思索：到底是你想说？还是你想听孩子说？

秘诀 193 自我表露强心剂

孩子需要表达，需要吐露她心中的想法。不管你认不认同她所持有的理由，都请试着让她说，甚至让她有机会"好好说"。说实话，青春期的孩子如果还愿意开口与父母交流，爸妈心中真的应该感到高兴才是。

孩子愿意自我表露不容易，因为这当中牵涉到她对你的信任。你的信任将扮演强心剂，能够让孩子愿意表达自己内在的想法，从而进一步改善亲子关系，增进良好循环。

试着感受孩子的心。当她想要说出自己的想法时，仔细地聆听她所要传达的任何信息。

只要孩子愿意说，亲子之间至少就多了一分了解。

秘诀 194 亲密关系黏着剂

纵使你心中有许多疑虑，但是只要你愿意静下心来，仔细聆听，能够做到"倾听"这一点，就值得肯定，因为对大多数父母而言，这实在有些难度。

好好听孩子说，先别打断和批判，也不急于早下论断。让你的身体微微向前倾，让眼神专注，孩子能感受到你正在听。

倾听，能够充分发挥关系黏着剂的作用。有了关系，你才有机会真正了解到孩子的想法，以及面对事情的态度。

秘诀 195 自我觉察显影剂

显影剂的作用在于照 X 光或做计算机断层摄影时，让组织间的对比更加清晰，进行医学影像判断时更敏感、具体，同时能提升正确的判断率。

亲子关系间的自我觉察也有如此的作用，有助于驱散模糊迷雾，让关系更清晰。

你是否觉察到自己的滔滔不绝如江水，让孩子几乎快要窒息？她多期待：妈妈，你真的别再说了！

你是否觉察到孩子那一句"我只是……"，以及她未说出口的疑虑？或许她还在整理自己的思绪，思考如何告诉你个中缘由。

你是否觉察到孩子最后那透着无奈又无力的眼神、表情和嘴型，说话语气、语调、音量及身体姿势？"我只是……"正在传达着"我懒得再跟你说了"的强烈信息。

如同配戴眼镜，度数要足够，亲子关系才能看得清晰。

秘诀 196 耐心等待固定剂

有时我们该停下来想想。面对孩子的疑似说谎，自己"真正"在意的是什么？是旁人的看法？别人对于自己教养方法的指指点点？还是自己对孩子诚信的担心（从小就这样，长大了该怎么办）？或者是她面对问题的态度（逃避、否认或搪塞）？

说谎，该不该有理由？

别忘了，我们大人也是总会有各种说谎的理由的。所以无论如何，至少先好好听听孩子的解释。孩子有表达的权利，当然，你也有选择相信与否的权利。

当孩子说出"我只是……"时，请让她好好把话说完。

给孩子时间和机会好好说完，就像制造香水时，当中的固定剂常用来降低蒸发率，以提高稳定性，保持原来的香味。你的耐心和等待，也能提高孩子愿意和你沟通意愿的稳定性，至少降低了她的表达蒸发率。一旦孩子不想说，你的许多期待也就要免谈了。

耐心，需要培养。付出等待，你将有机会遇见孩子诚实的天性。

在亲子关系中，耐心，是一种获利率很高的投资。

问题三十八 【小木偶的长鼻子】
爸妈，你们为什么不认错？

这天的阅读时间，妈妈跟茵茵一起看了小木偶匹诺曹的图画书，大班的茵茵专注地听着妈妈念故事。

"终于，匹诺曹变成了真正的小男孩。"故事讲完了，妈妈合上书，决定顺势教茵茵诚实的重要性，"茵茵啊，你看，我们不能说谎，说谎的人，鼻子可是会变长哟！"

"骗人，你才说谎，鼻子根本就不会变长。"茵茵说。

"怎么不会呢？你没看小木偶匹诺曹，不是说谎害鼻子变长了吗？"妈妈说。

"拜托，那根本是假的。小木偶本来就不会说话，都是你在乱讲。"茵茵反驳。

妈妈搔了搔头，心想："天哪！现在的小朋友怎么变得这么难骗，竟然那么清楚童话故事里面说的都是假的。只是小木偶都编下去了，该怎么自圆其说呢？"

一不做、二不休，干脆继续说下去。

"小木偶当然有啊！不然，故事里怎么会提到呢？"

只不过，说得有些心虚，毕竟自己的出发点是向孩子强调要诚实，不要说谎。现在怎么变成自己说起谎来？

"没办法，还是得维持我这个做妈妈的面子。不然这次招认了，以后孩子哪肯再听我的。"

说谎，果然让人感到十分焦虑。额头上的汗珠似乎在告诉她，说谎真的不是自己擅长的事。

"我才不想听你在那边乱讲话呢！"茵茵用手捂住耳朵，"你根本在骗人！骗人！骗人！骗人！"

一连几次的骗人重重敲进妈妈的心坎。这重重的一击，瞬间让她觉得自己怎么比孩子还不成熟。妈妈有些招架不住，不知道该如何来圆谎。

"这些童话也真是的，怎么连小朋友都不相信了。"妈妈竟然怪起了小木偶，虽然自己想起来也觉得有些荒唐。

"该如何收拾呢？"望着一直捂着耳朵的茵茵，妈妈真的思绪打结了，"怎么办？其他的妈妈都是怎么过招的啊？"

面对眼前功力高超的孩子，妈妈真不知道该高兴，还是头痛。但可以确定的是面对眼前的情势，她真的是感到懊恼万分，进退失据。

"大人不都期待孩子勇于面对自己的错误吗？如果连自己都做不到，怎么要求孩子？"妈妈内心持续交战，纷乱的思绪相互拉扯着，"还是干脆老实对她说，小木偶真的不存在。但我真的要认输吗？"

然而，一想到得对孩子承认自己乱说话，实在不敢再往下想。

哎哟！都是匹诺曹惹的祸啦！

建立身教与示范的标准的秘诀指南

秘诀 197　留意童话的有效期限

　　在孩子年纪还小时，用童话故事唬唬孩子，多少能让他们的行为有所克制。比如这首歌谣："虎姑婆别咬我，乖乖的孩子睡着喽。"只要搬出虎姑婆，不用你抱着哄睡，哭闹的孩子马上就会安静地睡觉。

　　我们免不了"食髓知味"。这招好用？就给它继续用下去、哄下去、骗下去和编下去。

　　"你再哭，再不听话，小心警察叔叔把你抓走。"警察叔叔的招牌真管用！

　　"不要用手指月亮，不然会被月娘割耳朵哟！"奇怪，那为什么外星人 E.T. 用手遥指着天空说"E.T. phone home"却不会？

　　我们可能忘了，有一天孩子会长大！

　　别忘了，我们渐渐老了，他们渐渐大了。我们头脑渐渐钝了，他们反应渐渐快了。他们慢慢会了解小木偶根本不存在，虎姑婆是你在瞎掰，警察叔叔时间才没那么多，还有哪来的月娘割耳朵。

童话永远是童话，但别忘了孩子可是会长大的。

哄骗小孩，请留意有效期限。

秘诀 198　认真看待孩子的成长

有时父母会编个说法，想着敷衍一下，赶快摆脱眼前的麻烦状况。但要小心孩子迸出："别再骗我，我才不是笨蛋哩！"这句令你傻眼的话其实也在提醒你：我已经长大了，别再骗我，我已经懂很多事了！——虽然在你眼中，孩子永远都还是孩子。

请认真看待孩子的成长。随着孩子渐渐长大，试着用相对成熟的字眼，符合其心智年龄的话语，和他们互动。很少有孩子喜欢被认为永远长不大的。

请认真看待眼前的孩子，她已不再是那个容易被你乱哄乱骗的小小孩了。

认真看待，这是一种对孩子的尊重。

秘诀 199　与孩子同步升级，随时更新

童话毕竟是童话。我们其实要高兴孩子终于又长大了，连哄带骗的戏码需要落幕了。别再期待能用哄骗的老套方式来改变孩子的行为了。

和孩子的成长同步升级吧！我们得随时更新对孩子的了解，修正并调整和孩子的互动方式。当你在亲职教养上同步更新了作业系统，孩子也可以明显感受到你的改变。

父母改变了，孩子的行为修正也不远了。

秘诀 200　随时认错，随时有效

父母都希望孩子学会认错，但父母都不太愿意承认自己有错。然而，有错不承认，甚至于还想继续与孩子过招、论输赢，这样的身教真的不好。

我猜，你的心正呐喊着："可是她还只是读幼儿园的孩子啊！"

父母认错，是不必区分孩子年龄的。随时认错，随时有效。哪有面对幼儿园的孩子就可以例外的道理？

向孩子认错，需要勇气，但关系改善的后劲，很有威力。

秘诀 201　看见童话里的真谛

你可能感到有些挫折，心想：对于幼儿园阶段的孩子来说，童话、故事、绘本和影片不是最适合他们的吗？不但够生动、有画面、容易懂、富有想象力、与生活经验相联结、少道理，更何况，他们的接受度也高啊！怎么现在孩子反而要求我别再欺骗她？

其实，你可以顺着孩子的想法，接纳她认为童话故事里的小木偶是假的、不存在的。请别跟孩子争辩小木偶的真假与对错。或许透过《木偶奇遇记》，能够让孩子认识、了解与学习故事所要传递的信息，例如：孩子如何面对困境、克服困难、解决问题、知错能改，及关于诚实的成长等。

故事真假，不是重点。

问题三十九 【这位先生请让座】 有些话，为什么我们不敢说？

在新闻媒体或脸书上，常可见到一些正义达人的勇敢表现。对于眼前不公不义的事，例如好端端地却占了爱心座的乘客，终于有人可以发出不平之鸣、正义之声。

平时我们总是向孩子耳提面命，在搭乘交通工具时遇见老弱妇孺，记得要让座，因为这是最基本的品德与礼貌修养。

但如果有一天，类似的事让自己遇上了，在孩子的眼前，我们是否能鼓起勇气说该说的话，做该做的事？

有些话，为什么我们不敢说？

傍晚的高峰时间，人潮拥挤。妈妈一下班便赶去幼儿园接钧钧，接着也顾不得车子人多，挤上了一班地铁。怀孕容易累，她只想带着儿子快点回到家休息。

车厢果然很挤，妈妈一手牵着钧钧，一手紧抓着拉环，勉强站稳。位子当然都坐满了，而眼前的一个爱心座，让一个看来健壮的大叔占着。

念中班的钧钧指着大叔，出声询问："妈妈，他为什么不让座？"

　　大叔原本炯炯睁着的眼睛瞬间闭上，姿势刻意显现疲倦状态，若无其事地继续坐在爱心座上。

　　"妈妈，他为什么不让座？"钧钧又问。

　　妈妈故作镇定，心想："嘘！小声一点，这不关我们的事，不要再问了。钧钧，我们站着不是也很好吗？可以练习平衡感啊！等等就会有人叫他起来，'不要占据爱心座'。"

　　然而钧钧得不到回应，继续问："妈妈，他为什么不让座？我在跟你说话，你怎么也不回答？"

　　大叔调整一下坐姿，微微睁开眼瞪了他一下。

　　妈妈注意到这一点，无奈地心想："钧钧啊，能不能请你忍一忍，不要再说了。你再问，我可是会血压升高耶！"她发现自己握着拉环的手心微湿。

　　钧钧挤在摇晃的车厢里，困惑地望着眼前胡楂未修、头发显得凌乱的大叔。

　　"这位先生请让座！"突然，一位穿着制服的高中女生语气坚定地出声提醒。但大叔仍然闭目养神，不为所动。

　　钧钧抬头望了望身旁的大姐姐，表情很是崇拜。

　　"这位先生请让座！"高中女生再次提醒，"这里有小孩、有孕妇，请你让座。"

　　女孩洪亮的声音，让其他乘客很有默契地全将目光集中在大叔身上，让他有些坐立不安。

　　"这位先生请让座！"女孩又说了一次。

　　大叔这才站了起来，摆个臭脸，心不甘情不愿地往另一节车厢走去了。

"这位先生请让座！"这句话的余音回荡在妈妈耳际，顿时让她在孩子面前感到羞愧起来。

"为什么这句话，高中女生敢说，我却不敢？"

同时，她也苦思着待会要如何向孩子解释"他为什么不让座"，和自己刚刚的沉默。

建立身教与示范的标准的秘诀指南

秘诀 202　坦承自己的恐惧

秘诀 203　关于正义化身的思考

秘诀 204　让说与做有交集

秘诀 205　勇敢澄清孩子的疑虑

秘诀 202　坦承自己的恐惧

大人对于说实话有顾虑，安全通常是摆第一，另外，多少也需要一些勇气。眼见不合理的事，不是我们不说，而是我们"不太敢说"，理由当然还是顾虑人身安全，还有缺乏勇气。

这令人感到有些无奈，特别是当一切都被孩子看在眼里的时候。

"妈妈，他为什么不让座？"孩子很棒，对于眼前不合理的情况提出了质疑。只是孩子虽然催促自己，认为那个叔叔应该让座，但重点是妈妈不敢跟对方说。

当孩子不断地发出质疑"妈妈，他为什么不让座"时，我们是否要向孩子坦白说出自己心中的顾虑与畏惧？"知道该说实话，不等于敢说出实话"这样的想法，到底该不该向孩子表达？

或许你担心，要是说明白了，不知孩子会如何看待我这个做爸爸或妈妈的。当然，如果你选择坦白，至少这种敢于直面问题的勇气是值得肯定的。

敢于说出心里的畏惧，其实也是一种勇敢的表现。

秘诀 203　关于正义化身的思考

"这位先生请让座！"高中女生都敢开口说了，为什么我们却不敢？对于这当中的差异，我们该如何向孩子解释？

"你看，这位姐姐好有正义感。"这一点，孩子也能判断。但重点是，为什么有正义感的不是爸爸或妈妈？我们是否要向孩子坦诚，是畏惧让爸妈的正义销声匿迹了？

别人的孩子有正义感，你会鼓励。自己的孩子有正义感，你会焦虑。

如果孩子有一天突然告诉你："妈妈，以后你不说，我来说！"请问这份正义感，你会不会留给孩子使用？

秘诀 204　让说与做有交集

孩子在成长过程中，常出现许多疑虑，眼睛不断浮现问号。当然，我们也不断在向孩子做澄清、解释。那实话到底该不该说呢？例如当场告诉他："叔叔不能占用爱心座。"

　　直到状况发生时，你才发现讲道理是一回事儿，实际遭遇又是另一回事儿。看到这里，你是否有点心虚？自己说一套，做一套。嘴上叫孩子要老实说出自己的想法，心里却觉得安全第一最重要。

　　当然，面对孩子对于这个社会的疑虑，你多少希望能够让"说"与"做"有所交集。那么，请试着把自己的实际感受说出来吧！无论是害怕、焦虑、退缩、畏惧、担心、不安、恐惧或生气。

　　让孩子了解你虽然知道该说实话，也想要维持正义感，但目前却也存在着让自己裹足不前的理由，勇敢地让孩子了解自己内心的真实想法。当然，你也希望有一天自己可以充分发挥正义感。

　　让"说"与"做"同步，在孩子面前保持言行一致、里外一致。

秘诀 205　勇敢澄清孩子的疑虑

　　我们可以用这样的方式来说明，有助于澄清孩子心中的疑虑。

　　"我知道你一定很疑惑，因为老师常常有提醒爱心座是给谁坐的。你说得没错，我也知道那个叔叔该让座。但是真的只能怪妈妈很软弱，没那个胆子叫他起来。他为什么不让座？或许也在于像妈妈这样反应的人很多。所以那个叔叔就敢不当一回事，闭目养神继续坐。"

　　"那位高中姐姐真的很棒，做得很好，见义勇为，真的令人为她感到无比骄傲。我知道，妈妈这回真的做得不好。对于你的疑惑、我的怯懦，我真的十分懊恼。但我想跟你说，孩子，这回你真的问得很好。"

　　孩子的疑虑，需要我们勇敢地澄清。

　　勇于面对问题，是亲子之间彼此都应该学习的一件事。

问题四十 【签名请对自己负责】
你没写，我怎么签？

"妈妈，你联络簿签名了没？"美伶问妈妈。

"你的数学作业还没拿给我检查，我怎么签名？"妈妈反问她。

"哎哟，你先签就对了嘛。真啰唆，我要整理书包啦，我想睡觉了。"美伶说。

"什么先签？你没写，我怎么签？写作业是你的责任，更何况我得为我自己的签名负责，不是吗？"妈妈说。

"你很烦耶，作业没带回来啦！不签就算了，真啰唆！"美伶索性把联络簿收了起来。

"美伶，联络簿我还没签名呀！"妈妈说。

美伶边收书包，边说："是你不签名的，还怪我？反正有签、没签都无所谓。到时候老师问了，我就说'妈妈忘记签名就好了'。"

妈妈大叫："什么？你自己数学作业没带回来，还把责任推给我？"

"拜托，你就先签名而已。数学作业等我明天早自习到学校再补不就好了，有什么好大惊小怪的。"美伶回应道。

听到这样的回应，妈妈愣住了。特别是美伶对于数学作业没带回家写，一副无所谓、没关系和"你拿我没办法"的态度，让妈妈一时感到招架不住。她无奈地在联络簿上签了名，只是心里面一直感到不踏实，总觉得自己做错了什么，或少做了什么。

只见美伶一派轻松地收拾好了书包，然后大摇大摆地往房间走去，准备睡觉了。

妈妈对于自己的妥协感到有些自责，心想："这下子，我似乎成了让孩子对责任'无所谓'的幕后推手。"

"如果孩子从小就是这一副无所谓的态度，那么长大之后……"单单想到这一点，妈妈的心就凉了一半，"现在孩子们的品格教育会这么薄弱，或许都是从这些微不足道的小事开始，慢慢累积，从而让孩子对该尽的责任逐渐松动，甚至崩盘的。"

"要让孩子学会对自己负责！"妈妈心中浮现了这个坚定的想法，"不管别人的爸妈是如何签联络簿的，至少在我们家，我要让孩子知道，签名这看似每天晚上都要进行的例行公事，但却代表着一种对自我的负责。"

她知道接下来该怎么做了。

"妈，你要干吗？哎呀，我想睡觉啦！"美伶突然被拉起床，一脸不高兴。

妈妈决定在她睡着前，要她起床把联络簿拿出来。然后，自己在上面注明："老师，您好。孩子的数学作业未带回，69—71页未写，明天早自习补上。"

"妈，你写这些干吗？我明天早自习补上不就好了吗？很无聊耶，这也要写。"美伶有些气急败坏地抱怨。

这回，妈妈试着沉住气，语气坚定地告诉孩子："这是我该负的责任。既然我签了名，我就得充分地对自己负责。或许写在上面的字让你感到不舒服，但是很抱歉，这是你该面对及承担的责任。"

建立身教与示范的标准的秘诀指南

秘诀 206　引导孩子感受惭愧不安的情绪

秘诀 207　让孩子体会问心无愧的自在

秘诀 208　教孩子坦然面对眼前的责任

秘诀 209　从细微的态度开始改变

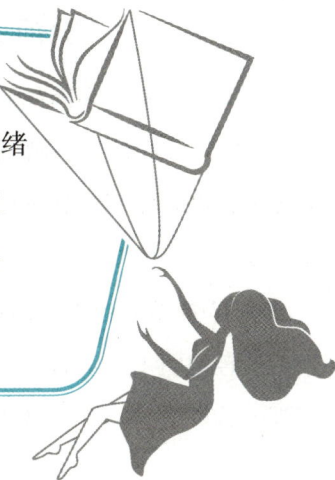

秘诀 206　引导孩子感受惭愧不安的情绪

我们最怕的就是孩子对说谎行为表露出一副无所谓、没感觉的样子。少了正向感觉的牵制，孩子要形成自律的态度就相对困难了。

惭愧也好，不安也罢，都让孩子自己去好好体会那股不舒服的情绪。

让孩子回想：自己在什么情况下曾有过惭愧的感觉？这些感受很像内疚，与羞愧也相近。自己是否曾经理亏，或做错事而感到难为情？例如谎称"妈妈忘记签名"，却被老师当场识破而觉得难堪。

不安呢？孩子是否有过一种担心、害怕，内心像波浪般起伏而不平静？这就像不小心把爸爸手机上重要的 App 删除了。重点是自己没经过他的允许，乱动他的手机。而麻烦的是，等会爸爸要用手机时就会发现了。

如果孩子不想要如此惭愧与不安，请让她知道：谎话，还是少说为妙。

秘诀 207　让孩子体会问心无愧的自在

生活中，有许多因我们不太在意而被忽略的小事。当我们凭着良心自我觉察、自我反省、做该做的事、对自己负责时，多少可以让自己问心无愧，没有任何的惭愧与不安。总之，我们每个人都需要定期对自己进行反省。

爸妈感受到了问心无愧，也请让孩子试着体验这种自在、轻盈，像羽毛般轻飘飘飞起来的感觉。例如孩子写完作业，检查好了；家长确认无误，签好了名。彼此都完成了该负的责任，那么，今晚便可以睡个安稳觉了。

让孩子知道，智慧的人会让自己心里少一点负担。

秘诀 208　教孩子坦然面对眼前的责任

让孩子知道，时间是用来解决问题的，而不是逃避或带来更多问题的。

与其消耗时间，提心吊胆地担心谎言被拆穿，倒不如坦诚一点，做个深呼吸，坦然面对眼前的责任。纵使只是小小的作业放在学校，没带回家写，也可以想办法找同学问，或先写在其他本子上，或者直接诚实告知爸妈没带回家，隔天再向老师说明并补上。

态度——这是一种态度。

面对孩子，请你以坚定的眼神看着她，让她感受到你的态度，一种对自己负责的态度。

![秘诀209] **从细微的态度开始改变**

在一家店里，如果你发现店家对连客人不会注意到的细节都很讲究，那么可以推测整家店对自我质量的要求和对顾客的服务态度，应该都会在同行的平均水平之上。

相同地，看一个人，也是如此。

诚实，藏在细节里。生活当中的每一个细节都反映着当事人面对自我的态度。而且，家长要先做到细心！马虎的家长，很容易教出马虎的孩子，因为模仿家长对孩子来说是最直接、最容易，也最安全的行为。

请让孩子感受到你对于细微地方的重视。更何况在大人的世界里，签名以显负责态度可不是小事。或许孩子会觉得你大惊小怪，甚至认为你很"机车①"，但是毕竟对孩子来说，未来还有很多事物等待她去体验与接触。

提醒自己，如果孩子在细微的地方表现出无所谓的态度，久而久之，她的这种不在意的态度就会让人"有所谓"。品格的这道防线一定要守住，一定要让孩子学习如何对自己的行为负责。

清楚立界线，并彻底执行。

品格教育，从改变细微的态度开始。

---

① 机车：指问题很多，意见很多的意思，引申为"不上道"的意思。